Océanos increíbles

Escrito por Annie Roth
Ilustrado por Tim Smart

Texto Annie Roth
Ilustraciones Tim Smart
Asesoramiento Dr. Jonathan Dale

Edición del proyecto Sophie Parkes
Edición de arte sénior Claire Patane
Edición Sarah MacLeod
Diseño Sif Nørskov, Samantha Richiardi, Karen Hood
Edición adicional Robin Moul, Dawn Sirett
Diseño de cubierta Charlotte Bull, Claire Patane
Documentación iconográfica sénior Sakshi Saluja
Edición ejecutiva Penny Smith
Edición de producción Becky Fallowfield
Control de producción John Casey
Subdirección de arte Mabel Chan
Dirección editorial Sarah Larter

De la edición en español:
Servicios editoriales Tinta Simpàtica
Traducción Ana Riera Aragay
Coordinación de proyecto Helena Peña Del Valle
Dirección editorial Elsa Vicente

Publicado originalmente en Gran Bretaña en 2023
por Dorling Kindersley Limited
DK, One Embassy Gardens, 8 Viaduct Gardens,
Londres, SW11 7BW
Parte de Penguin Random House

Título original: *Amazing Oceans*
Primera edición: 2024

ISBN: 978-0-5938-4819-7

Impreso y encuadernado en China

www.dkespañol.com

MIXTO
Papel | Apoyando la
silvicultura responsable
FSC™ C018179

Este libro se ha impreso con papel
certificado por el Forest Stewardship
Council™ como parte del compromiso
de DK por un futuro sostenible.
Más información: **www.dk.com/uk/
information/sustainability**

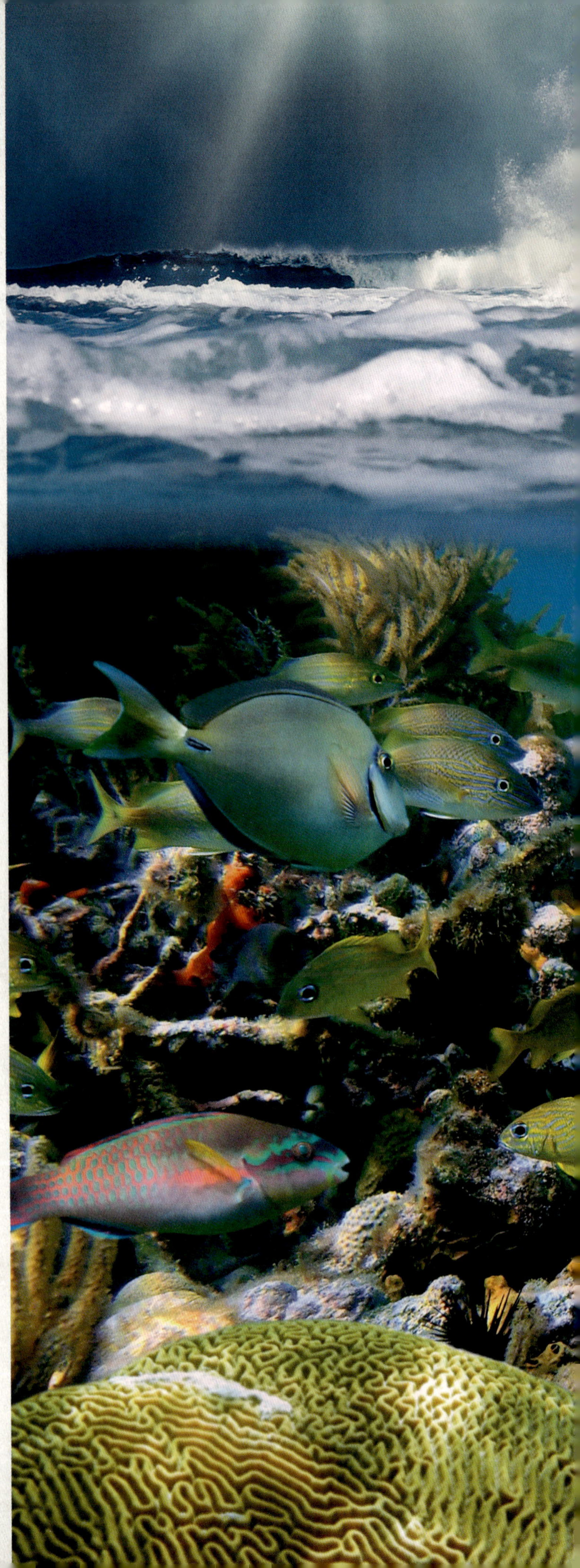

CONTENIDOS

INTRODUCCIÓN

Nuestros océanos, llenos de vida y de misterios por resolver, son uno de los hábitats más asombrosos de la Tierra. Desde las aguas superficiales bañadas por el sol hasta los oscuros abismos de las profundidades, todavía hay mucho que descubrir en el océano.

Ballenas tan grandes como un transbordador espacial, sepias que cambian de color o tiburones que brillan en la oscuridad son solo algunas de las innumerables criaturas que viven en los océanos. Los científicos creen que quedan aún miles de especies marinas por descubrir. Pero no es solo su fauna y su flora lo que hace que sean tan asombrosos: lagos submarinos, volcanes activos y fosas que parecen no tener fin son igualmente causa de gran admiración.

Los océanos cubren el 71 por ciento de la superficie de la Tierra, pero solo hemos explorado una pequeña parte de sus aguas. Cuanto más los exploramos, más vemos lo estrechamente ligados a ellos que estamos. Son fundamentales para controlar la temperatura del clima, y las plantas y animales que viven en ellos nos proporcionan alimento y oxígeno.

Si tu fascinación por el océano es profunda como una fosa oceánica o si tus conocimientos son superficiales como un arrecife de coral, este libro tiene mucho que descubrirte. Así que toma aire, porque estás a punto de sumergirte en los increíbles océanos de nuestro planeta.

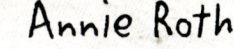

Annie Roth

EL MUNDO

Mar de Lincoln

El tiburón de Groenlandia se encuentra sobre todo en la región ártica

Mar de Chukotka

Mar de Beaufort

Bahía de Baffin

Mar de Groenlandia

América del Norte

Bahía de Hudson

Mar de Labrador

Mar de Bering

Golfo de Alaska

Restos de buques de la Primera y la Segunda Guerra Mundial en Scapa Flow, Escocia

Restos del *Titanic* frente a la costa de Canadá

Gran mancha de basura del Pacífico entre Hawái y California, EE.UU.

Mar de los Sargazos

OCÉANO ATLÁNTICO

Golfo de México

Mar Caribe

Los giros son corrientes circulares que acumulan basura flotante y forman grandes concentraciones.

OCÉANO PACÍFICO

Mares y océanos

Todos los mares y los océanos están conectados. Existen unos cincuenta mares, pero solo cinco océanos, cada uno con su variación térmica y su pauta de corrientes. Aunque los océanos de la Tierra están separados entre sí por los continentes, el agua se desplaza entre ellos constantemente. Los mares son más pequeños que los océanos y suelen estar parcialmente rodeados de tierra.

América del Sur

Ruta del charrán ártico desde la Antártida hasta el Ártico

Mar Chileno

Mar de Scotia

OCÉANO GLACIAL ANTÁRTICO

El océano Glacial Antártico, o océano Antártico, es el más frío de la Tierra.

Mar de Amundsen

Mar de Weddell

OCÉANO ÁRTICO

Mar de Barents

Mar de Kara

Mar de Láptev

Mar de Siberia Oriental

Mar de Noruega

Mar Báltico

Mar de Ojotsk

Asia

Europa

Mar Negro

Mar Caspio

Mar Mediterráneo

Mar del Japón (Mar del Este)

OCÉANO PACÍFICO

Mar de la China Oriental

Mar Rojo

Mar Arábigo

Golfo de Bengala

Mar de la China Meridional

Fosa de las Marianas, al este de Filipinas

África

Golfo de Guinea

OCÉANO ÍNDICO

Mar de Timor

Mar del Coral

El cachalote se sumerge a gran profundidad en busca de calamares.

Oceania

Ruta del charrán ártico desde el Ártico hasta la Antártida

Mar de Tasmania

La cubomedusa, o avispa de mar, es el animal más venenoso del océano.

Los charranes árticos migran desde el Ártico hasta la Antártida. Pasan por África de camino al sur y por el continente americano de camino al norte.

Si eres un gran explorador, pasa a la página siguiente...

Antártida

Mar de Ross

N

O

E

S

9

Los océanos albergan el 94 por ciento de la vida.

MUNDO DE AGUA

La Tierra es un mundo lleno de agua. El océano cubre la mayor parte del planeta y contiene el 97 por ciento del agua de la Tierra. Es tan grande que solo hemos podido explorar el 20 por ciento de él. ¡Sabemos más sobre la superficie de Marte que sobre algunas zonas del fondo del mar! Es normal, ya que las mayores fosas oceánicas son tan profundas que en ellas cabrían de sobra las montañas más altas de tierra firme. Está claro que nos queda mucho por descubrir.

71 % OCÉANOS   29 % TIERRA

El océano cubre el 71 por ciento del planeta. Solo es tierra el 29 por ciento.

ZONA DE LUZ SOLAR

ZONA CREPUSCULAR

Zona de luz solar

La zona de luz solar, desde la superficie hasta los 200 m de profundidad, contiene más plantas y animales que cualquier otra. Recibe la luz del sol, que algunos organismos usan para hacer la fotosíntesis (fabricar alimento).

ZONA DE MEDIANOCHE

Zona de medianoche

La zona de medianoche abarca de los 1000 m a los 4000 m. En ella hace un frío intenso y la oscuridad es casi absoluta. Está sometida a una gran presión por el peso del agua que tiene encima.

ZONAS DEL OCÉANO

Los océanos pueden dividirse en cinco zonas: la zona de luz solar (la más superficial), la zona crepuscular, la zona de medianoche, la zona abisal y la zona hadal (la más profunda). Algunas criaturas no salen nunca de la zona en la que nacen, mientras que otras se desplazan entre varias zonas a diario.

ZONA ABISAL

Zona abisal

La vasta e inexplorada zona abisal se extiende entre los 4000 m y los 6000 m. Es el hábitat más grande de la Tierra y constituye el 83 por ciento del océano.

Calamar gigante

ZONA HADAL

Zona hadal

Las fosas oceánicas conforman la zona hadal, que se extiende entre los 6000 y los 11 000 m. Los animales deben desarrollar adaptaciones especiales para sobrevivir en esta zona, la más profunda y oscura.

Pez baboso

Raya

Banco de sardinas

Tiburón linterna

Pez pelícano

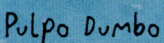
Pulpo Dumbo

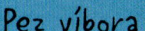
Pez víbora

Pez linterna

Cachalote

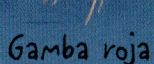
Gamba roja

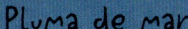
Pluma de mar

Zona crepuscular

De los 200 m a los 1000 m se extiende la zona crepuscular. La luz no llega a esta zona. En ella no puede crecer ninguna planta, ni tampoco en las tres zonas que están por debajo.

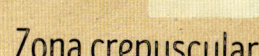

Ocultas bajo la superficie del océano hay cadenas montañosas o montes submarinos. Pueden elevarse 4000 m sobre el lecho marino, casi tanto como algunas montañas terrestres.

¿QUÉ PROFUNDIDAD TIENE?

Las amplias fosas, los altos montes submarinos y otros elementos fascinantes hacen que el lecho marino sea cualquier cosa menos uniforme. Los científicos calculan que la profundidad media del océano es de unos 3682 m, pero el punto más profundo está unos 11 000 m por debajo del nivel del mar.

¿QUÉ ZONA?

A lo largo del libro, este gráfico indica la zona del océano de la que se habla.

Zona de luz solar
Zona crepuscular
Zona de medianoche
Zona abisal
Zona hadal

MAREAS

Las mareas son movimientos del agua del mar provocados por la atracción del Sol y la Luna. Dos veces al día, en todos los océanos, las mareas hacen que el agua suba y baje. Se trata de uno de los fenómenos más regulares. A lo largo de la costa, el descenso de la marea deja al descubierto ecosistemas de una gran riqueza.

Algunas mareas hacen que el nivel del mar baje o suba unos pocos centímetros. Otras son más extremas y hacen que varíe muchos metros.

ARRIBA Y ABAJO

Las mareas se desplazan entre el mar abierto y la costa a causa de la atracción de la Luna y el Sol. Al llegar a la costa, hacen que la superficie del mar suba y baje.

La Luna y las mareas

La fuerza gravitatoria de la Luna genera una fuerza llamada fuerza de marea. Esta atrae el agua de la Tierra hacia la Luna por el lado más cercano a ella y atrae la Tierra hacia la Luna por el lado más alejado. Esto provoca mareas altas en ambos lados.

El agua se levanta al experimentar menos gravedad que la Tierra.

Marea baja

Al rotar la Tierra, algunas zonas experimentan mareas altas y otros mareas bajas.

Luna

Marea alta

Marea alta

Marea baja

El agua es atraída y hace subir la marea.

La vida en las pozas

Las pozas son charcos de agua de mar que quedan entre las rocas cuando baja la marea. Están repletas de criaturas marinas que pueden sobrevivir dentro y fuera del agua, como lapas, estrellas de mar, anémonas, percebes y erizos.

Percebes

Anémona de mar

Erizo de mar

Compruébalo tú mismo

Las pozas rocosas son ideales para exploradores de todas las edades. Pide a un adulto que te lleve a una costa rocosa cuando la marea baje. Observa bien y descubrirás un sinfín de criaturas en las pozas. Ponte zapatos antideslizantes, ten cuidado y no pierdas de vista el océano. Incluso con la marea baja, siempre puede pillarte por sorpresa alguna ola. No molestes a los animales y no los toques sin la supervisión de un adulto.

Junto al agua debes tener siempre cerca un adulto.

Los percebes son animales que producen una sustancia natural parecida al cemento. Es uno de los pegamentos más fuertes que existen, con el que se pegan a las rocas.

Mejillones

Cangrejo

Lapa

OLAS EN ACCIÓN

Las olas oceánicas, tanto si se trata de una pequeña ola como de un tsunami de 30 m de altura, son producidas por la energía que circula por el agua, que hace que se mueva arriba y abajo. Las originan el viento, las corrientes, las mareas, los terremotos y otras fuerzas. Si no encuentran ningún obstáculo, pueden recorrer océanos enteros.

A medida que se acercan a la costa, las olas pierden velocidad, lo que hace que sean más altas, se inclinen hacia adelante y rompan. Ideal para surfear.

TIPOS DE OLAS

Olas de marea

La rotación de la Tierra y la atracción de la Luna y el Sol influyen mucho en los océanos, ya que causan mareas. Las olas de las mareas son olas marinas superficiales provocadas por la subida y la bajada del mar.

Existen muchos tipos de olas que recorren los mares y rompen en la orilla, pero las más fáciles de reconocer son las olas de viento, las olas de marea y los tsunamis. La mayor parte de las olas del océano son producidas por el viento.

Energía de las olas

Un dispositivo con un sistema de flotadores y pistones nos permite aprovechar la fuerza de las olas para producir energía limpia y renovable.

1. Las olas hacen subir y bajar los flotadores, que comprimen los pistones.

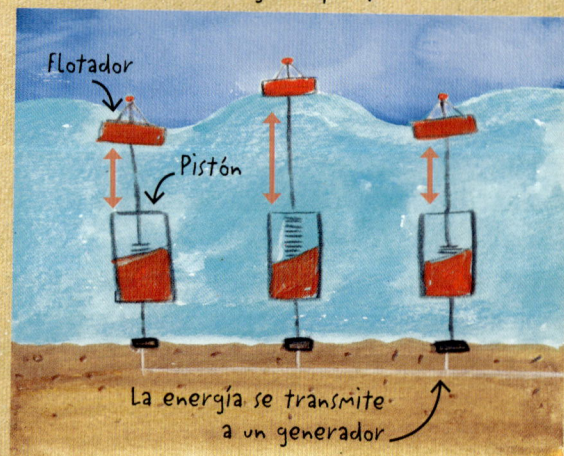

Flotador

Pistón

La energía se transmite a un generador

2. El movimiento acciona un motor, cuya energía mecánica es aprovechada por un generador que la transforma en electricidad.

Cómo rompen las olas

Las olas se mueven gracias a la energía del viento o de alguna perturbación submarina.
Al tocar tierra rompen en la orilla, porque el lecho marino interrumpe su movimiento.

El viento agita las olas y hace que se desplacen en círculo.

Una ola se acerca a tierra. Su base golpea el lecho marino.

El círculo se rompe, lo que hace que la ola se vuelva más alta y lenta.

La ola se enrosca y rompe, estrellándose.

El agua se adentra en la playa.

Tsunamis

Los tsunamis son las olas más grandes y destructivas del océano. Están formados por una serie de olas que se mueven extremadamente rápidas, originadas por perturbaciones submarinas como terremotos, deslizamientos de tierra o erupciones volcánicas.

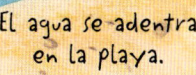
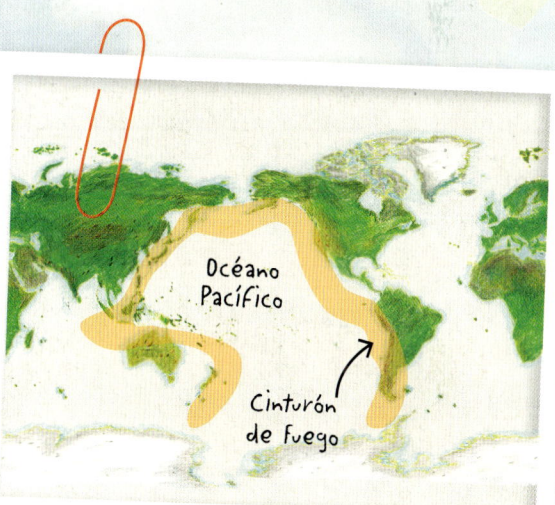

Océano Pacífico

Cinturón de fuego

Alrededor del 90 por ciento de los terremotos y del 80 por ciento de los tsunamis se producen en el Cinturón de fuego del Pacífico, un extenso anillo formado por volcanes y placas tectónicas que rodea el océano Pacífico.

Las olas de viento se forman cuando el viento sopla sobre la superficie del océano. Estas olas son las mejores para surfear.

Hay giros en todo el mundo.

GIROS OCEÁNICOS

En los océanos encontramos cinco sistemas rotatorios de corrientes llamados giros. Cada uno abarca miles de kilómetros y son tan grandes que cuando arrastran icebergs o plancton pueden verse desde el espacio. Están impulsados por patrones de viento y fuerzas creados por la rotación de la Tierra y ayudan a regular la temperatura y la circulación de nutrientes por los océanos.

Los giros funcionan como enormes remolinos: atraen hacia su centro cualquier cosa que flote dentro de su alcance.

GIROS EN EL MUNDO

Los cinco giros principales son los del Atlántico Norte, el Atlántico Sur, el Pacífico Norte, el Pacífico Sur y el océano Índico. Además de transportar agua caliente y nutrientes, las corrientes circulares que forman también acumulan residuos plásticos que constituyen gigantescas manchas de basura flotante.

Océano Pacífico Norte

Océano Índico

Océano Pacífico Sur

MANCHAS DE BASURA

Acumulación de basura

En el centro de los giros más grandes se forma una isla de basura flotante acumulada por las corrientes. La mancha de basura del Pacífico, en el Pacífico Norte, es la más grande (tiene entre 3 y 4 veces el tamaño de España) y contiene 79 000 toneladas de plástico.

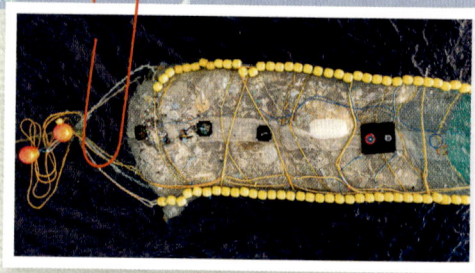

Algunas personas han intentado eliminar la basura con la ayuda de barcos y de grandes barreras en forma de U.

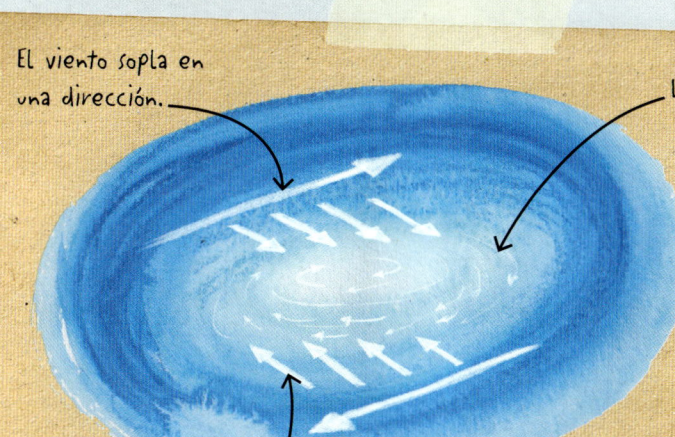

El viento sopla en una dirección.

Las fuerzas opuestas del viento y el efecto Coriolis hacen que el agua se mueva en círculo.

La rotación de la Tierra, o efecto Coriolis, empuja el agua en otra dirección.

El viento sopla en distintas direcciones dependiendo del punto de la Tierra en el que esté: hacia la derecha en el hemisferio norte y hacia la izquierda en el sur.

Cómo funciona un giro

Los giros se forman cuando el agua impulsada por el viento también es desplazada por la rotación de la Tierra. Este movimiento se conoce como efecto Coriolis. Hace que tanto los vientos como el agua que impulsan se arremolinen siguiendo un patrón circular.

Océano Atlántico Norte

Océano Atlántico Sur

Criaturas flotantes, como esta carabela portuguesa, corren peligro a causa de los movimientos de los giros, ya que pueden quedar atrapadas en las acumulaciones de plástico que forman.

La contaminación por plástico supone una seria amenaza para la vida oceánica. Millones de animales marinos mueren todos los años por tragarse plástico que tiramos o por quedar atrapados en él.

Fauna de la Mancha de Basura

Además de basura, los giros acumulan organismos marinos. Un estudio indica que los dragones azules, las carabelas portuguesas y numerosos neuston (criaturas flotantes) abundan en la gran mancha de basura del Pacífico.

PLANCTON

El plancton, a pesar de su tamaño diminuto, tiene un papel importantísimo en el mar. Probablemente hay más organismos microscópicos en los océanos que estrellas en el cielo. Es, además, la base de toda la red alimentaria marina. Existen dos tipos básicos de plancton: el zooplancton, que son animales, y el fitoplancton, que son plantas. Ambos abundan en todos los océanos.

En algunos lugares, por la noche puede verse el plancton brillar en la oscuridad. Se debe a que muchas especies de plancton son bioluminiscentes, es decir, producen su propia luz con sustancias químicas que tienen en su cuerpo.

LA RED ALIMENTARIA

El plancton es la base de la red alimentaria del mar. Una red alimentaria son las distintas formas en que los animales están conectados mediante lo que comen en un ecosistema. Aquí puedes ver cómo funciona la del océano Pacífico.

La red empieza con el sol

Como todas las plantas, el fitoplancton utiliza la energía del sol para producir su alimento en un proceso llamado fotosíntesis. El fitoplancton, a su vez, es el alimento del zooplancton, el otro tipo de plancton.

Zooplancton

Red alimentaria del océano Pacífico

Kril

El kril se alimenta de plancton

El kril es un pequeño crustáceo esencial para la fauna oceánica. Es el principal alimento de cientos de animales, desde peces de distintos tamaños a aves y ballenas.

Final de la cadena

La orca come todo tipo de criaturas marinas, sobre todo focas, así que se beneficia de todos los eslabones de la cadena anteriores a ella. Es un superdepredador.

Orca

Peces pequeños

Peces más grandes

El plancton
verde florece

Floración del plancton

Son muchos los factores que influyen en el crecimiento del plancton, entre ellos la temperatura del agua y el tipo de fauna que hay cerca. Cuando las condiciones son adecuadas, el plancton crece de forma espectacular. A veces cubre una zona tan grande que puede verse desde el espacio, como en esta imagen.

Alimentar a criaturas más grandes

Animales marinos más grandes, como la foca común, cazan los peces, y a veces las aves, que se han comido el kril.

foca común

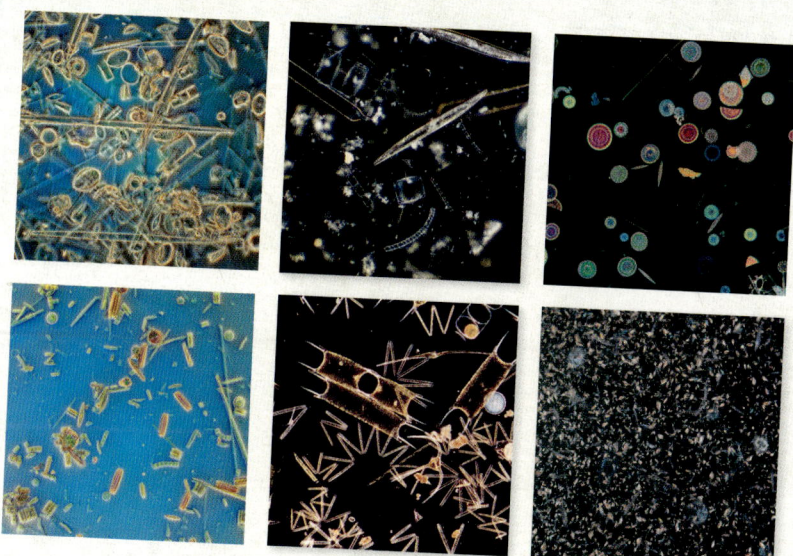

Estas increíbles imágenes son fotografías microscópicas, ya que el plancton es demasiado pequeño para fotografiarlo con una cámara común.

Hay tres variedades de algas: rojas, pardas y verdes.

ALGAS ASOMBROSAS

Las algas están en la base de la red alimentaria oceánica. No son plantas, porque no tienen ni raíz, ni tallo, ni hojas, pero hacen la fotosíntesis. Hay entre 30 000 y 1 000 000 de especies en el océano. Algunas son microscópicas, mientras que otras pueden llegar a medir 30 m de largo: son las macroalgas. Las algas microscópicas, llamadas fitoplancton, producen alrededor del 50 por ciento del oxígeno que respiramos.

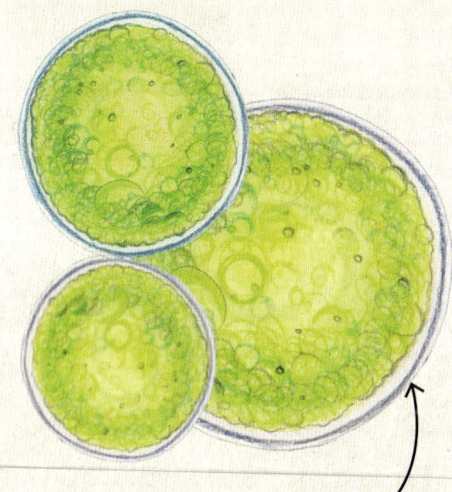

Algunas algas son tan pequeñas que solo se ven al microscopio.

VER LAS MACROALGAS

Si quieres ver macroalgas, lo mejor es que vayas a una costa rocosa cuando baje la marea. Las encontrarás por las rocas. Es más difícil verlas en las costas arenosas, aunque puede que encuentres alguna que ha sido arrastrada hasta la orilla. Puedes tocarlas, pero comprueba que no haya ninguna criatura escondida, como una medusa, y lávate bien las manos después de tocarlas.

Las macroalgas que viven a lo largo de las costas rocosas proporcionan alimento y refugio a la fauna costera.

Nutria marina

Kelp gigante

El kelp gigante, que puede llegar a medir más de 30 m de alto, es la macroalga más grande del océano. Se encuentra en aguas costeras frías, donde forma densos bosques que albergan miles de especies. Puede crecer hasta 60 cm en un solo día, así que es uno de los organismos que más rápido crece de la Tierra.

Las nutrias marinas se envuelven con kelps gigantes para no alejarse flotando mientras duermen.

Cultivo de algas

Muchos alimentos, como el helado y los zumos de fruta, contienen espesantes o colorantes hechos con macroalgas que los agricultores cultivan en el mar. Las macroalgas son más respetuosas con el medio ambiente que otros cultivos, porque no requieren fertilizantes ni pesticidas, y absorben el carbono dañino del agua de mar.

Protectores de los bosques

Los erizos de mar se alimentan de kelp y si no se controla su población pueden arrasar los bosques de esta alga. En la costa occidental de Norteamérica, las nutrias marinas ayudan a mantener en buen estado los bosques de kelp porque se comen a los erizos de mar.

Las macroalgas pueden presentar una gran variedad de tamaños, formas, colores y texturas.

Erizo de mar

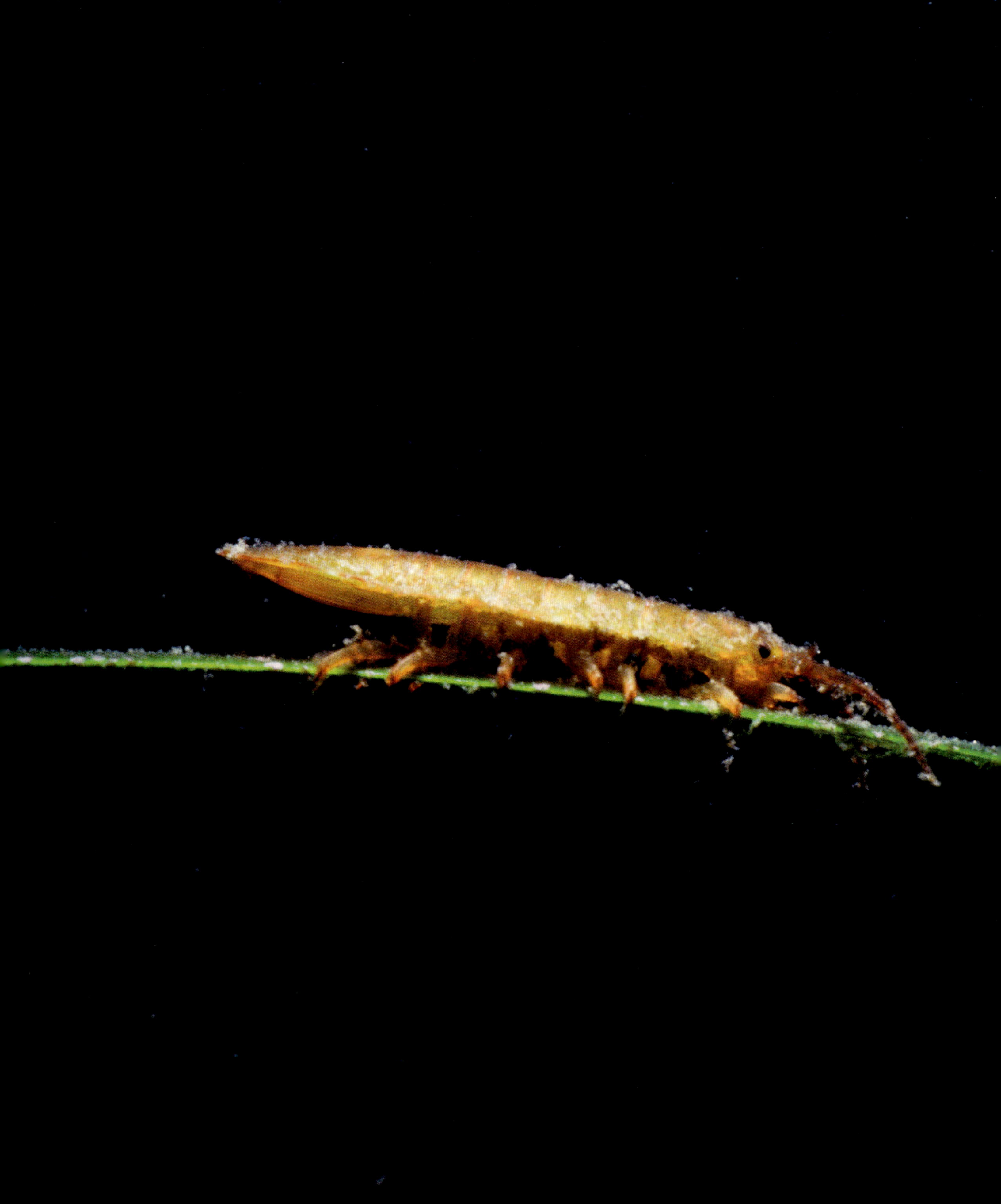

Zona de luz solar

POLINIZACIÓN MARINA

En la polinización, un polvo llamado polen pasa de una planta a otra para que puedan reproducirse. Ocurre en tierra, pero se ha descubierto que también ocurre en el mar. Los animales marinos ayudan a polinizar las plantas oceánicas, como las de las praderas marinas y algunas algas.

Las plantas de las praderas marinas son las únicas plantas con flores que crecen en el océano. Sus flores son polinizadas por el zooplancton.

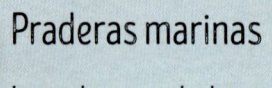

Praderas marinas

Las plantas de las praderas marinas suelen confundirse con macroalgas, pero son plantas con flores, como las de un jardín. Tienen raíz, tallo y hojas, y producen flores y semillas.

Las plantas de las praderas marinas son polinizadas por el zooplancton. Estos diminutos crustáceos y gusanos se desplazan de flor en flor en busca de comida, recolectando y diseminando el polen.

1. Pequeños crustáceos se sienten atraídos por las flores de la planta.

2. Parte del polen de la planta se adhiere al cuerpo del animal mientras se para a comer en la flor.

POLINIZACIÓN MARINA

Los científicos han descubierto que los animales no solo polinizan las plantas de tierra firme, sino también las plantas y las algas del océano. Las algas se desarrollaron antes que las plantas con flores, así que es posible que los primeros animales que polinizaron plantas vivieran en el océano.

4. Las flores fertilizadas producen semillas, de las que pueden nacer nuevas plantas.

3. Mientras nada por la pradera marina en busca de más comida, el crustáceo transfiere el polen de una flor a otra, fertilizándolas.

Macroalgas

Antes se creía que solo las plantas con flores eran polinizadas por los animales, pero se ha descubierto que una especie de alga roja es polinizada por los isópodos o cochinillas, unos crustáceos marinos parecidos a los bichos bolita.

Las pegajosas células reproductivas del alga roja se adhieren al isópodo. Este esparce las células al desplazarse entre las algas en busca de refugio y alimento.

Polinización en tierra

En tierra, alrededor de tres cuartas partes de las plantas con flores son polinizadas por animales como aves, abejas y murciélagos. Sin ellos, las plantas no podrían reproducirse ni producir muchos de los alimentos que comemos.

1. Las flores son de vivos colores para que los polinizadores sepan que contienen néctar y polen.

2. Cuando un polinizador se posa en una flor para comer, el polen de la planta se pega a su cuerpo.

3. Al desplazarse de flor en flor, el polinizador transfiere dicho polen.

4. Si el polen llega a una flor de la misma especie, esta es fertilizada y produce semillas de las que nacen nuevas plantas.

Es probable que algunas esponjas vítreas lleven vivas 10 000 años, más que cualquier otro organismo.

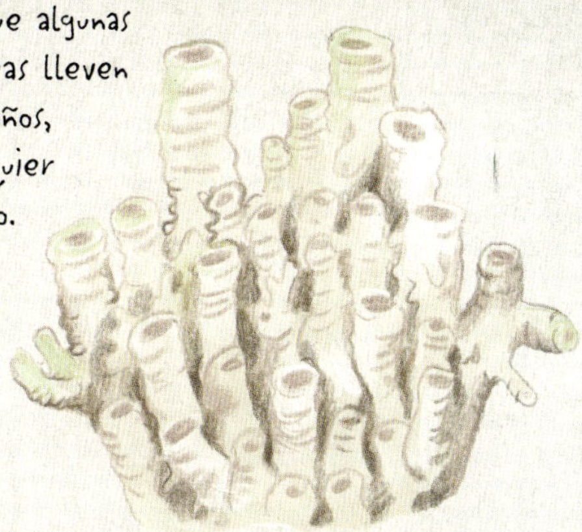

LAS CRIATURAS MÁS ANTIGUAS

En el océano viven muchas de las criaturas más antiguas de la Tierra. Hay ballenas que ya existían durante la Primera Guerra Mundial, y almejas anteriores a la invención del automóvil. Se cree que el tiburón de Groenlandia puede vivir más de 400 años, aunque se sabe muy poco sobre esta criatura.

La ballena boreal es el mamífero vivo más largo y puede vivir hasta 200 años. Los científicos creen que dispone de unos genes especiales que le ayudan a combatir las enfermedades.

Huevos

Todas las medusas inician su existencia siendo un huevo, del que sale una larva llamada plánula.

La larva se desplaza por el océano. Al poco, se fija al lecho marino con otras larvas.

La etapa final es la de adulto totalmente formado o medusa madura. Puede reproducirse y poner huevos para volver a empezar el ciclo.

Medusa madura

Larva plánula

MUY VIEJOS

Flotando por el océano hay una especie de medusa que no mide más que la uña de tu meñique. Los científicos creen que es inmortal. La medusa inmortal puede volver a una versión más joven de sí misma cuando está muerta de hambre o herida. ¡Así que, si nadie se la come, puede vivir eternamente!

Plánulas en el lecho marino

La larva se transforma en un cilindro con tentáculos llamado pólipo.

En esta etapa, la mayoría de las medusas mueren si pasan hambre o sufren algún daño. Pero la medusa inmortal puede convertirse de nuevo en una diminuta masa de tejido y sobrevivir.

Masa de tejido

La masa de tejido puede volver a iniciar el ciclo vital, fijándose al lecho marino y transformándose en un pólipo. Este proceso en teoría puede repetirse indefinidamente, siempre que la medusa no sea ingerida o aniquilada.

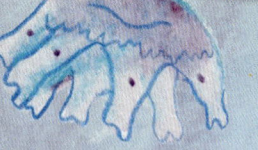

Medusa inmadura

Con el tiempo, los brotes crecen lo suficiente como para separarse y salir nadando transformados en medusas juveniles o medusas inmaduras.

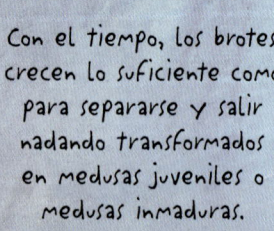

Pólipo

Cuando las condiciones son adecuadas, el pólipo empieza a producir brotes, que son copias de sí mismo unidas a su tallo.

Pólipo con brotes

Si juntaras todas las plantas de esta gran colonia, pesarían más que 55 ballenas azules.

Colonia más antigua

En 2012, los científicos descubrieron el que debe de ser el organismo vivo más viejo del mundo: una enorme colonia de praderas marinas en el Mediterráneo. Estas praderas se reproducen por clonación, así que los científicos cuentan todas sus plantas como un solo organismo. La colonia tiene el tamaño de un aeropuerto, lo que sugiere que se ha estado expandiendo entre 80 000 y 200 000 años.

Almeja americana

En 2006, una almeja americana conocida como Ming batió el récord Guinness como el animal vivo más viejo. Los científicos contaron los anillos de su caparazón y determinaron que tenía 507 años, es decir, más que cualquier otro ejemplar animal de la Tierra.

El número de anillos de un hueso del oído de los peces, conocido como otolito, equivale a la cantidad de años que lleva vivo.

¿Cómo calculamos la edad?

Las ballenas, las tortugas, los peces y otros animales marinos tienen anillos de crecimiento en los dientes, las caparazones y los huesos, que los científicos cuentan para calcular su edad (como con los árboles). Si no tienen, los científicos usan otras técnicas, como la datación por carbono.

Este caparazón de nautilo perlado se parece al de las criaturas del pasado.

FÓSILES VIVIENTES

A lo largo de la historia, las extinciones masivas han transformado la vida en la Tierra. Todo lo que queda de los animales que no sobrevivieron son sus restos fosilizados. Pero hay algunas especies que guardan un parecido asombroso con sus ancestros extintos, a pesar de los millones de años de evolución. Se conocen como «fósiles vivientes».

Los ancestros del nautilo aparecieron hace 500 millones de años y sobrevivieron a cinco extinciones masivas. Aunque las especies ancestrales han desaparecido, las especies que quedan se parecen mucho a ellas.

CELACANTO

Se creía que el celacanto, un pez abisal hallado frente a la costa de África oriental e Indonesia, se había extinguido a la vez que los dinosaurios, hace 65 millones de años… hasta que se encontró un ejemplar en una lonja de pescado en 1938.

El celacanto puede llegar a medir 2 m de largo.

ANATOMÍA DEL CELACANTO

Extremidades de unión

Las aletas redondeadas del celacanto tienen una estructura muy parecida a la de las extremidades humanas. Se cree que podría estar emparentado con el primer pez que salió a tierra, del que vienen los animales tetrápodos.

Húmero del celacanto unido al cuerpo

Aletas

Húmero humano

Las aletas del celacanto están unidas a unas cortas extremidades, en lugar de estarlo al cuerpo como en otros peces.

El brazo humano tiene una estructura parecida: el húmero une el brazo y la mano al cuerpo.

CANGREJO HERRADURA

El cangrejo herradura apareció hace 445 millones de años, antes que los dinosaurios. Estas curiosas criaturas no han cambiado mucho desde entonces y aún pueden encontrarse en las aguas de la Norteamérica oriental y el Asia meridional.

El cangrejo herradura tiene un exoesqueleto duro y 10 patas para desplazarse por el lecho marino.

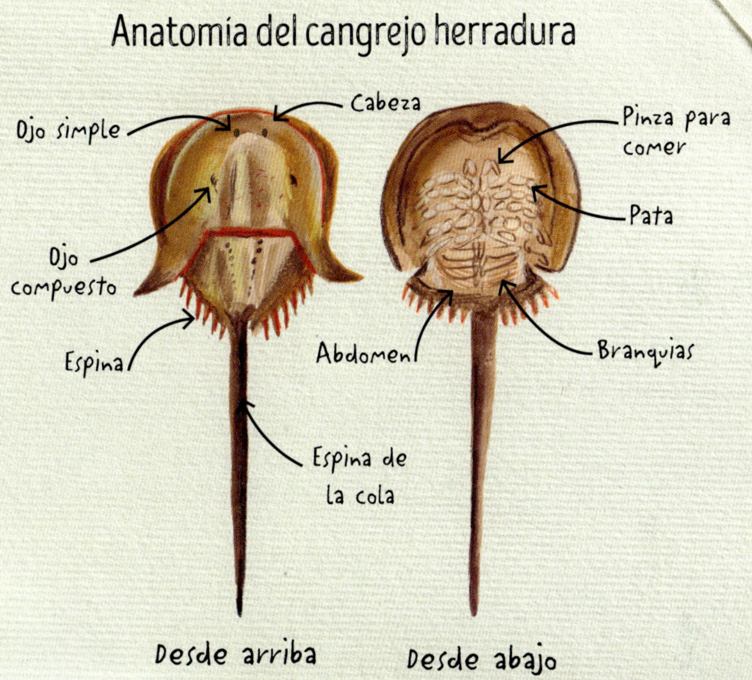

Anatomía del cangrejo herradura

Ojo simple

Cabeza

Pinza para comer

Ojo compuesto

Pata

Espina

Abdomen

Branquias

Espina de la cola

Desde arriba

Desde abajo

Su sangre es azul porque contiene cobre.

Sangre azul

La sangre del cangrejo herradura se vuelve azul si se expone al aire. Su sangre contiene unas células especiales que buscan y se aferran a las bacterias, que han demostrado ser útiles para la investigación médica.

Zona de luz solar
Zona crepuscular
Zona de medianoche

GIGANTES DEL OCÉANO

La majestuosa ballena azul, que puede medir 30 m de largo y pesar 180 000 kg, es el animal más grande que ha existido. Su corazón mide como un coche y su lengua pesa como un rinoceronte. Eclipsa al resto de las criaturas, incluso a las que existieron hace millones de años. Pero no es la única especie gigante del océano.

De media, una ballena azul pesa el triple que un transbordador espacial. Incluso una cría recién nacida mide unos 7 m de largo.

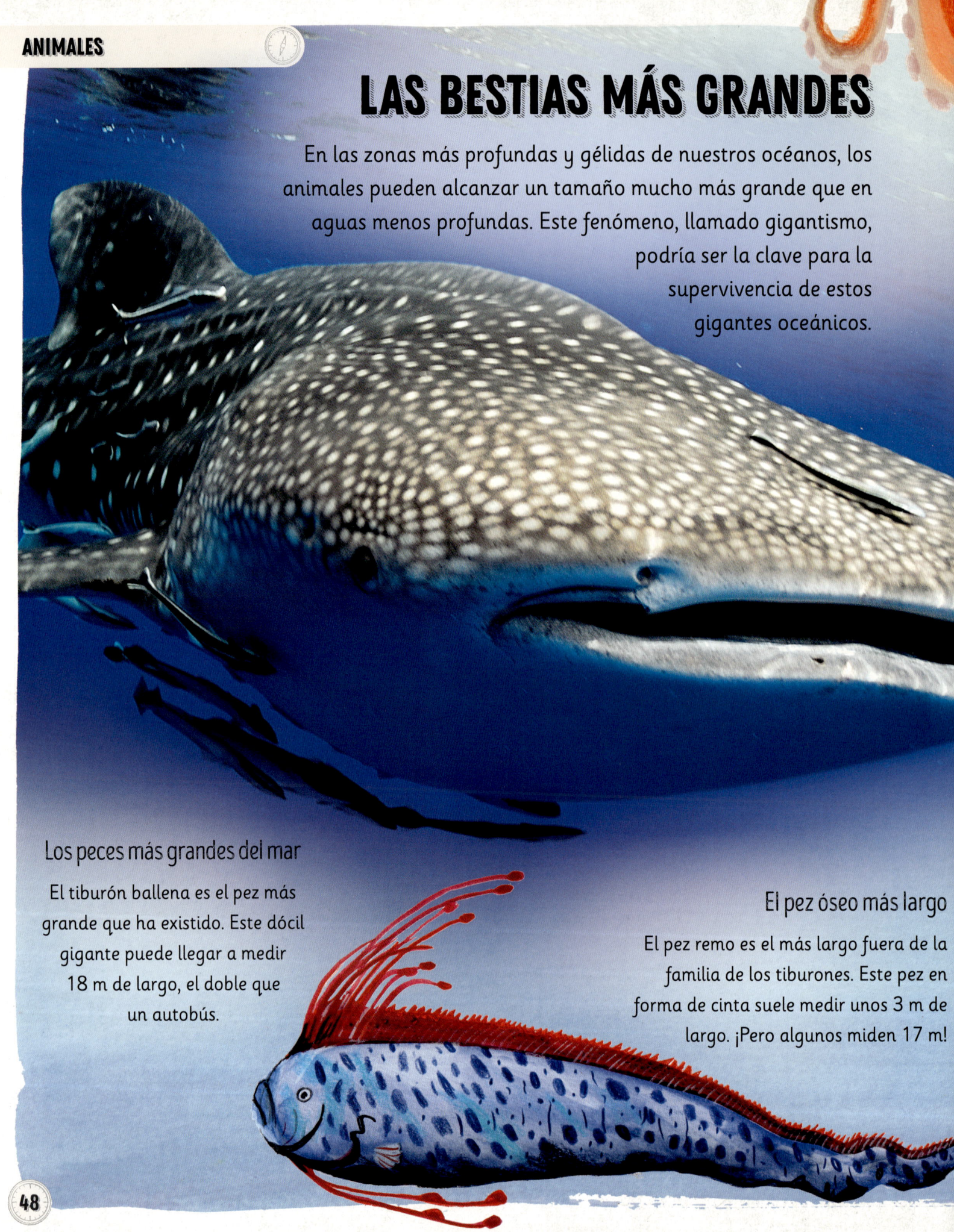

LAS BESTIAS MÁS GRANDES

En las zonas más profundas y gélidas de nuestros océanos, los animales pueden alcanzar un tamaño mucho más grande que en aguas menos profundas. Este fenómeno, llamado gigantismo, podría ser la clave para la supervivencia de estos gigantes oceánicos.

Los peces más grandes del mar

El tiburón ballena es el pez más grande que ha existido. Este dócil gigante puede llegar a medir 18 m de largo, el doble que un autobús.

El pez óseo más largo

El pez remo es el más largo fuera de la familia de los tiburones. Este pez en forma de cinta suele medir unos 3 m de largo. ¡Pero algunos miden 17 m!

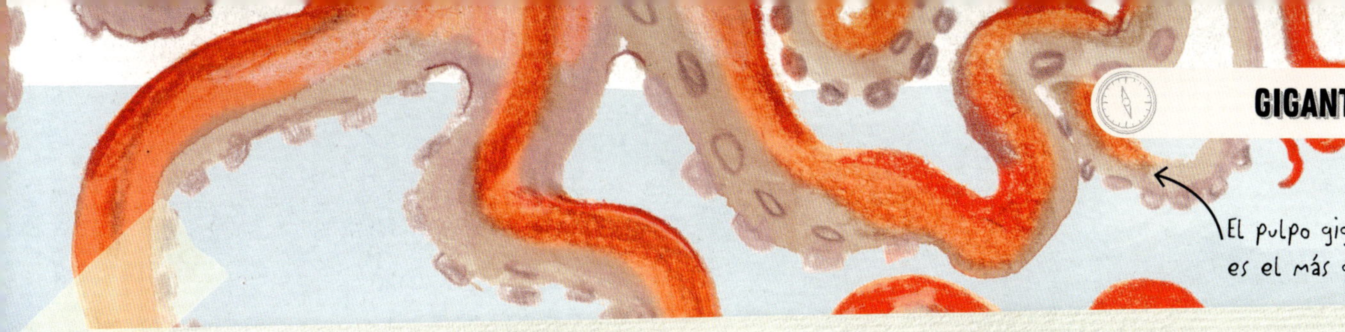

El pulpo gigante de California es el más grande del mundo.

Las especies más grandes del océano

Humano
1,7 m de largo

Ballena azul
30 m de largo

Manta gigante
9 m de envergadura

Pez luna
3,3 m de largo

Calamar gigante
13 m de largo

Pez remo
11 m de largo

Tiburón ballena
18 m de largo

El pez óseo más pesado

El gigantesco pez luna es el pez óseo más pesado del mundo. Recientemente los científicos han encontrado un ejemplar de récord frente a la costa de Portugal que pesaba más de 2700 kg, como cuatro vacas.

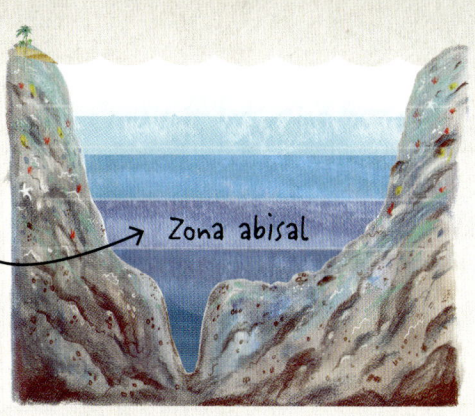

Este tiburón vive en la oscuridad del abismo.

Zona abisal

LOS TIBURONES MÁS RAROS

Los tiburones que conocemos pueden ser aterradores, pero algunos son muy extraños: desde los que brillan en la oscuridad hasta los que son tan pequeños que cabrían en una caja de zapatos. Este fascinante grupo está formado por más de 400 especies que han evolucionado a lo largo de 450 millones de años, como este tiburón anguila, con unos dientes que se curvan hacia dentro como los colmillos de una serpiente, ideales para cazar sus resbaladizas presas.

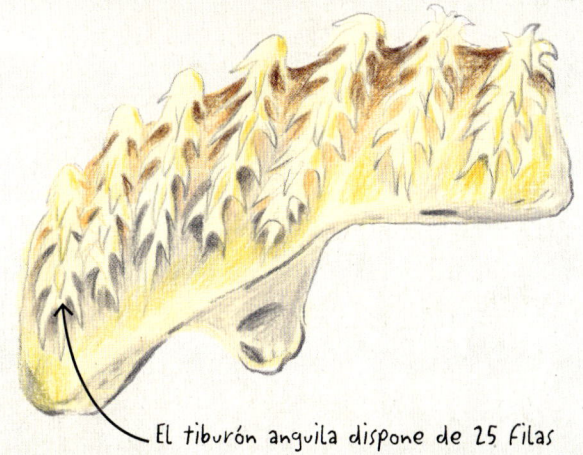

El tiburón anguila dispone de 25 filas de dientes en forma de tridente. Cuando se le cae uno, el que está detrás ocupa rápidamente su lugar.

MALA FAMA

Los tiburones tienen fama de temibles, pero la mayoría de las especies solo atacan si se las provoca. Los ataques contra personas son raros. Es mucho más probable que te caiga un rayo que no que te ataque un tiburón.

El tiburón de boca ancha se desplaza con la boca siempre abierta para engullir plancton.

Tiburón cebra

El tiburón cebra, que presenta rayas de cebra de cría y manchas de leopardo de adulto, es adorable. Deambula por las cálidas aguas superficiales de los arrecifes de coral, donde caza pequeños peces, crustáceos y moluscos.

Las barbillas como bigotes de su hocico le ayudan a localizar presas.

OTROS TIBURONES PECULIARES

Tiburón martillo gigante

Es un gran depredador y se alimenta de rayas, mantas y otros tiburones. Capta las señales eléctricas de los peces sepultados en la arena.

Tiburón de boca ancha

Este tiburón tiene una boca tan grande que podría tragarse una persona. Por suerte para nosotros, esta enorme criatura de las profundidades solo come plancton microscópico, que filtra del agua. Con sus 5 m de largo, es el tercer tiburón más grande del mundo.

La fuerte mordida de este pequeño tiburón deja una marca en forma de cortador de galleta en su presa.

Tiburón cigarro

Este curioso tiburón, que no suele medir más de 50 cm, es el único que no caza ni come carroña. Es un parásito: se aferra a animales más grandes, como el atún común y el gran tiburón blanco, para alimentarse de su carne, pero sin matarlos.

Carocho

Con 1,5 m de largo, el carocho es el vertebrado bioluminiscente (capaz de producir luz para atraer a presas y al sexo opuesto) más grande que se conoce.

Tiburón duende

Este tiburón de hocico largo y dientes triangulares se ha adaptado para cazar: tiene una mandíbula extensible que puede proyectar 8 cm fuera de la boca.

Algunas babosas de mar se pasan la vida desplazándose por el lecho marino, mientras que otras osan nadar en mar abierto.

BABOSAS DE MAR

Las babosas de mar, o nudibranquios, son uno de los grupos de criaturas marinas más espectaculares y diversos. Se conocen más de 2000 especies y prácticamente todos los días se identifica alguna nueva. Pueden encontrarse en todos los océanos del mundo, pero son más corrientes en aguas tropicales poco profundas. Algunas, como estas diminutas babosas de hoja, pueden hacer la fotosíntesis para obtener energía extra.

La babosa de neón variable reutiliza las toxinas de las presas que ingiere, segregándolas en forma de sustancia tóxica cuando se siente amenazada.

Nudibranquio de Pikachu

SOMOS LO QUE COMEMOS

Las babosas de mar son muy distintas a las terrestres. Con sus increíbles colores y formas, parecen sacadas de una película de dibujos animados. Los colores les sirven para mimetizarse con el entorno y dependen de las plantas y los animales marinos que comen.

Lechuga de mar

Percepción del entorno

La babosa de mar tiene dos largos órganos sensoriales como antenas, llamados rinóforos, en la parte delantera, que detectan las sustancias químicas del agua y la ayudan a detectar los alimentos y los depredadores.

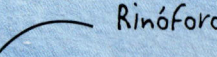

Rinóforo

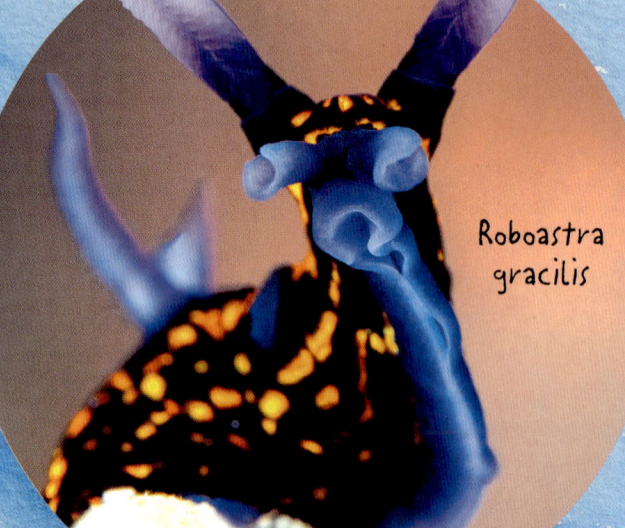

Roboastra gracilis

Absorben pigmentos de color de sus presas y los exhiben en los dibujos de su piel.

Babosa colorida

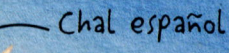

Chal español

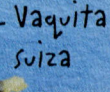

Vaquita suiza

¿Planta o babosa de mar?

La babosa esmeralda es una babosa de mar distinta al resto, ya que puede aprovechar la energía del sol. Absorbe en su piel unas estructuras especiales de las algas que ingiere llamadas cloroplastos, que, cuando se exponen a la luz del sol, transforman la energía solar en alimento mediante la fotosíntesis.

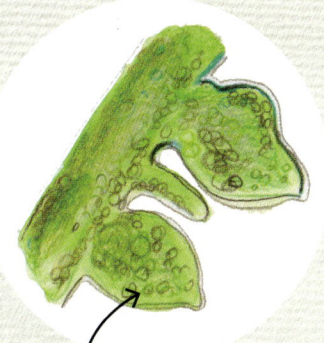

Cloroplastos de las algas

Según los estudios, esta babosa de mar puede pasar nueve meses o más sin comer, y sobrevive con el alimento que fabrica mediante la fotosíntesis.

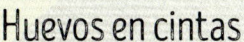

Nudibranquio de bordes negros

Babosa de terciopelo azul

Babosa de verrugas varicosas

REPRODUCCIÓN DE LA BABOSA DE MAR

Huevos en cintas

Una babosa de mar tiene tanto órganos reproductores masculinos como femeninos, pero necesita aparearse para tener crías. Pone los huevos en unas cintas que tienen el aspecto de una rosa y los envuelve con un moco protector. Algunas especies añaden al moco unas sustancias químicas para ahuyentar a los depredadores.

Zona de luz solar
Zona crepuscular

LAS CRIATURAS MÁS VENENOSAS

Los océanos albergan algunas de las criaturas más venenosas. Algunas, como este pez león, muestran su naturaleza peligrosa luciendo colores intensos y llamativas púas, pero otros usan tácticas para sorprender a sus presas.

El pez león está cubierto por 18 espinas afiladas ocultas en un fino tejido a rayas. Cada espina contiene un veneno que puede provocar náuseas y dolor extremo en los seres humanos.

SUSTANCIAS LETALES

Para muchas criaturas, administrar veneno mediante mordeduras o picaduras es clave para sobrevivir en el mar. El veneno puede usarse para paralizar a las presas o para ahuyentar a los depredadores.

Cubomedusa

Esta medusa tiene el veneno más letal del océano. Su picadura puede provocar parálisis (pérdida de movimiento del cuerpo), un paro cardíaco (el corazón deja de latir) e incluso la muerte a aquellos que reciben una picadura en las cálidas aguas costeras de Australia.

Tentáculos

CÓMO PICA UNA MEDUSA

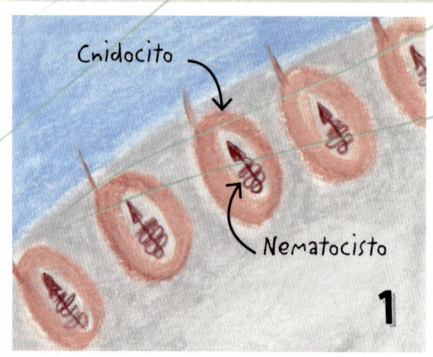

Cnidocito

Nematocisto

1

1. Los tentáculos contienen miles de células urticantes llamadas cnidocitos. En cada célula hay una estructura tipo arpón llena de veneno, llamada nematocisto.

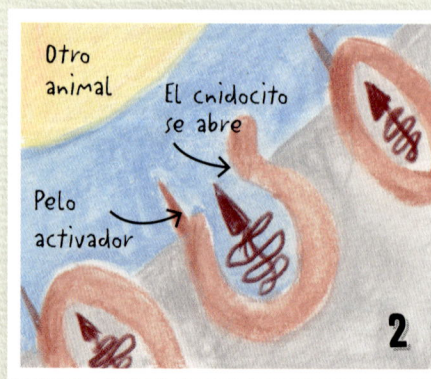

Otro animal

El cnidocito se abre

Pelo activador

2

Cuando se enfada, este pulpo se vuelve amarillo con anillos de color azul.

El hocico del caracol lanza un diente en forma de arpón.

El cono jaspeado puede lanzar un diente afilado a través de su hocico en forma de tubo. Dicho diente inyecta a la presa o depredador una mezcla de venenos letal.

Pulpo de anillos azules

A pesar de su reducido tamaño (12-20 cm), tiene suficiente veneno para matar hasta a 26 humanos adultos. Se encuentra en pozas rocosas y arrecifes de coral de los océanos Pacífico e Índico.

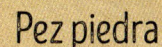

Pez piedra

El pez más venenoso de la Tierra suele estar camuflado en los arrecifes de coral de los océanos Pacífico e Índico. Inyecta el veneno con una de sus espinas dorsales (espalda) y puede matar a una persona. Es fácil no verlo en el lecho marino y pisarlo sin querer.

2. Cuando un tentáculo contacta con otro animal, los pelos de su superficie se activan y hacen que los cnidocitos se abran y que el agua inunde la célula.

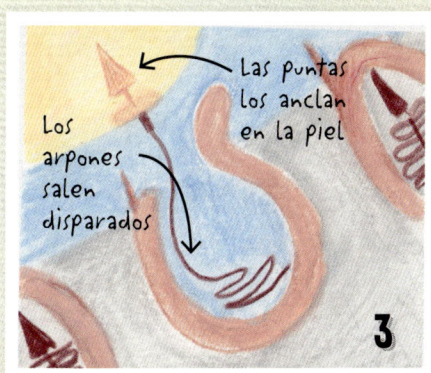

Las puntas los anclan en la piel

Los arpones salen disparados

3

3. La presión del agua hace que los nematocistos cargados de veneno salgan disparados y atraviesen la piel del animal. Una vez dentro, liberan el veneno. El proceso dura una millonésima de segundo.

Costa del Pacífico de América del Norte

GUERRA DE ANÉMONAS

En las costas rocosas del Pacífico, en Norteamérica, lleva librándose una batalla desde hace 500 millones de años entre anémonas clonales, una especie de anémona de mar a la que le gusta dominar. Crea ejércitos clonándose a sí misma y luego declara la guerra a cualquier anémona no clonal que ose entrar en su territorio.

Las anémonas de mar construyen su hogar en las rocas y los arrecifes de coral.

TODO SOBRE LAS ANÉMONAS

Las anémonas son depredadores invertebrados emparentados con las medusas y los corales. Se hallan en arrecifes y en la zona intermareal. Se alimentan de pequeños organismos marinos que atrapan con los tentáculos. En cuanto una presa cae en sus garras, la anémona se la lleva a la boca, que también hace de ano.

El pez payaso está cubierto por una fina capa de moco, que lo protege de las células urticantes de la anémona.

Un lugar para vivir

En los trópicos, anémonas y peces payaso tienen una relación simbiótica de la que ambos salen beneficiados. Las anémonas proporcionan a los peces payaso un lugar seguro en el cual vivir y estos les ofrecen nutrientes en forma de heces.

UNA ANÉMONA SE CONVIERTE EN DOS

1. Para dividirse en dos, la anémona primero tiene que crecer.

2. Cuando empieza la división, la base de la anémona prácticamente dobla su tamaño.

3. La escisión empieza por abajo y termina por el músculo del esfínter que rodea el orificio hacia el intestino, en la parte superior de la anémona.

El proceso de división se llama fisión.

4. Finalmente, las dos anémonas recién creadas sellan las posibles heridas. Pueden rebrotar o reparar cualquier tejido que se haya perdido o dañado durante la división.

Ataque de clones

Las anémonas clonales son felices viviendo juntas, pero se niegan a compartir espacio con otra clase de anémonas. Si una anémona clonal encuentra una no clonal en su territorio, la ataca con unos tentáculos especiales para luchar, ocultos bajo los que usa para comer, llamados acrorhagia.

Los tentáculos de lucha disponen de células microscópicas urticantes llamadas nematocistos.

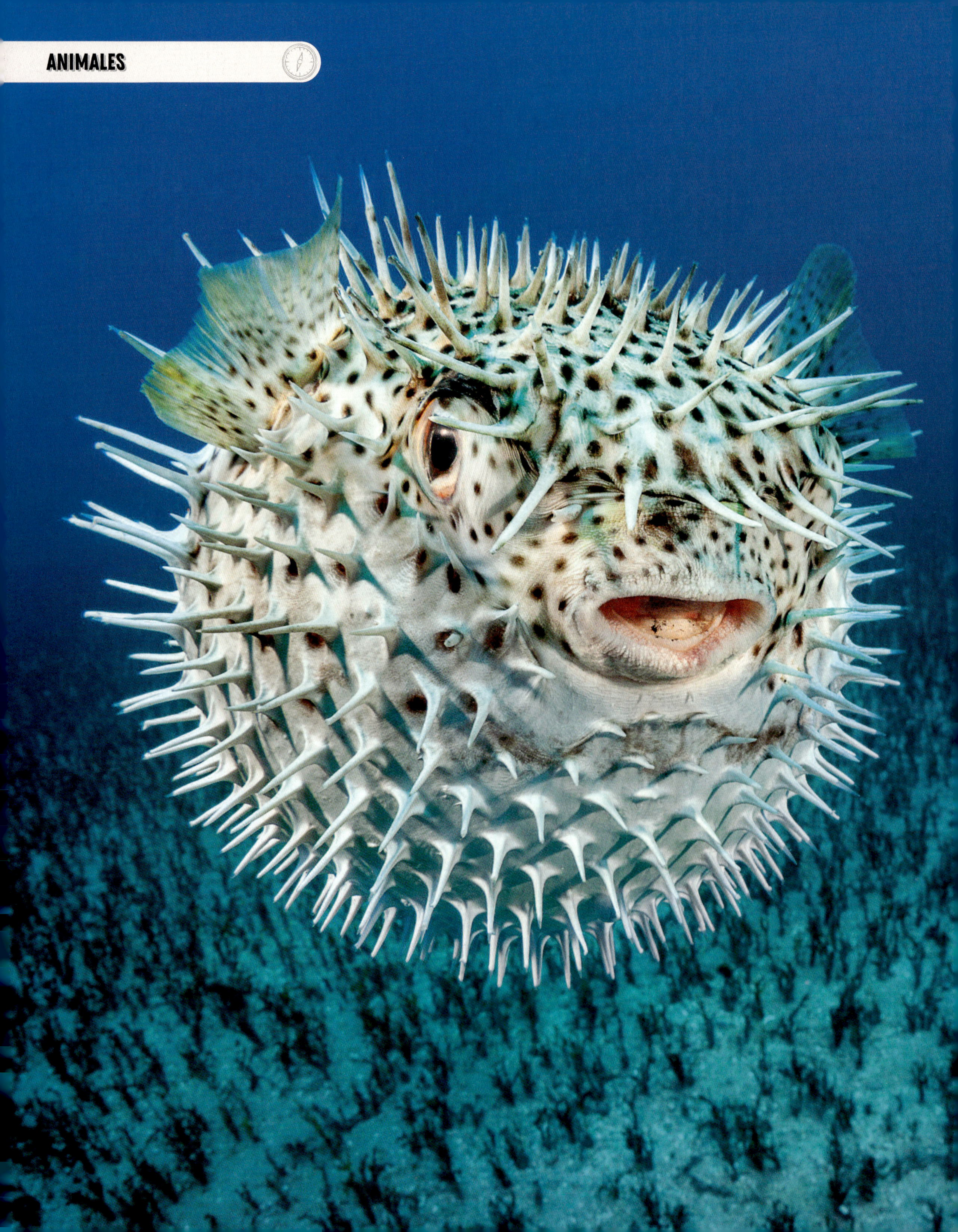

Zona de luz solar
Zona crepuscular
Zona de medianoche

PEZ GLOBO

El pez globo no tiene muchos depredadores, y con razón. Este famoso pez puede hincharse hasta triplicar su tamaño cuando se siente amenazado (suele medir entre 2,5 cm y 1 m de largo). También es increíblemente tóxico y algunos tienen el cuerpo cubierto de espinas.

Estos peces globo enmascarados, que nadan por las cálidas aguas del mar Rojo, pertenecen a una de las más de 190 especies de pez globo que existen.

EL PEZ GLOBO

La mayoría viven en aguas oceánicas cálidas, pero algunas especies viven en aguas salobres (menos saladas) o incluso en agua dulce. Los hay con distintos diseños y colores. ¡Los más llamativos avisan de que comérselos es una mala idea!

Sus anchos y afilados dientes pueden triturar caparazones

Su color intenso ahuyenta a los depredadores

Normalmente no está hinchado

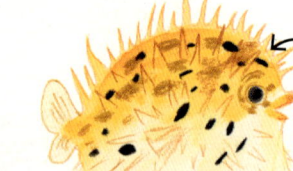

Solo se hincha si se siente amenazado

Cómo se hincha

Traga agua

Cuando un pez globo se siente amenazado por un posible depredador, empieza a tragar agua por la boca y a bombearla hacia su elástico estómago.

Normalmente, las espinas están ocultas

Espina dorsal

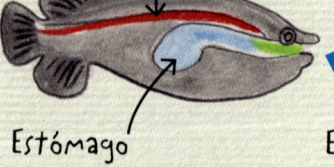

Estómago

El agua entra

Las espinas salen hacia fuera

Se hincha

El pez globo no tiene costillas, así que su estómago puede hincharse enormemente. Al hincharse se vuelve demasiado grande para la mayoría de depredadores y sus afiladas espinas salen hacia fuera.

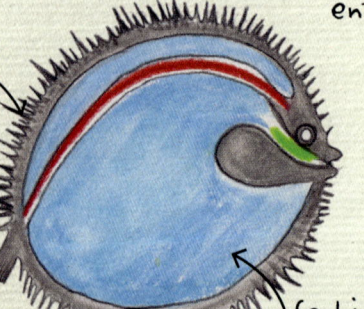

Se hincha el estómago

Toxicidad

La mayoría de los peces globo contienen una toxina mortal llamada tetrodotoxina. Puede matar a una persona y no tiene antídoto. El pez almacena la mayor parte de la toxina en el hígado y los órganos reproductores.

Círculos de las cosechas

El macho del tamboril hawaiano, para atraer a las hembras, construye grandes nidos en la arena a base de círculos geométricos. Los científicos creen que dichos círculos son las estructuras geométricamente más perfectas creadas por un pez. Opinan que la hembra sabe lo grande y sano que es un macho a partir del nido que construye.

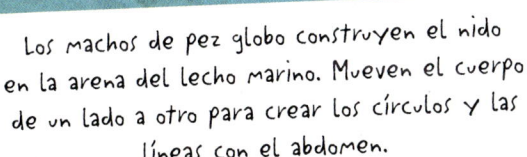

Los machos de pez globo construyen el nido en la arena del lecho marino. Mueven el cuerpo de un lado a otro para crear los círculos y las líneas con el abdomen.

Zona de luz solar

LOS PECES MÁS VELOCES

La velocidad puede ser crucial tanto para cazar como para poder escapar de los depredadores, en tierra y también en el mar. El océano está repleto de criaturas capaces de desplazarse por el agua tan rápido como un guepardo por tierra.

Los peces voladores tienen una forma aerodinámica para coger velocidad bajo el agua y propulsarse hacia la superficie. Con sus aletas tipo alas pueden saltar fuera del agua.

Torpedos del mar

El atún puede alcanzar los 70 km/h y seguir a esta velocidad más tiempo que cualquier otro pez. Para llegar a su velocidad máxima, reduce la resistencia al agua metiendo las aletas en unas ranuras que tiene a los lados, de modo que parece un torpedo.

La forma es importante

El atún está adaptado para desplazarse rápido por el agua. Su cuerpo en forma de lágrima le permite deslizarse suavemente, mientras mueve la gran cola de lado a lado para impulsarse. El pez león, en cambio, está cubierto de espinas y aletas, que lo ralentizan.

Atún

El atún tiene el cuerpo delgado y liso y aletas en forma de cuchillas, así que se desliza en el agua con gran facilidad.

Pez león

El pez león tiene espinas venenosas y aletas en abanico, que presentan mucha resistencia al agua.

A TODA VELOCIDAD

Se puede saber cómo se desplaza un animal por su forma. Los animales más veloces del océano suelen tener la cola grande y el cuerpo liso. Con una velocidad máxima de 109 km/h, el pez vela es el más rápido del mar. Pliega la vela sobre la espalda para ser más aerodinámico.

El tiburón más veloz

Con una velocidad máxima de 50 km/h, el mako es el tiburón más rápido del mar. Pero no es famoso solo por ello, sino también por saltar varios metros fuera del agua cuando caza.

Este pez despliega su vela cuando caza.

¡El pez vela puede nadar casi a la misma velocidad a la que corre un guepardo!

El mamífero marino más veloz

Con una velocidad máxima de 60 km/h, el delfín común es tan rápido como un caballo de carreras. Es el mamífero marino más veloz.

El calamar más rápido

El calamar de Humboldt es pequeño pero temible, y es el calamar más veloz del mar. Se han visto grupos de más de 1000 ejemplares nadando juntos a 24 km/h.

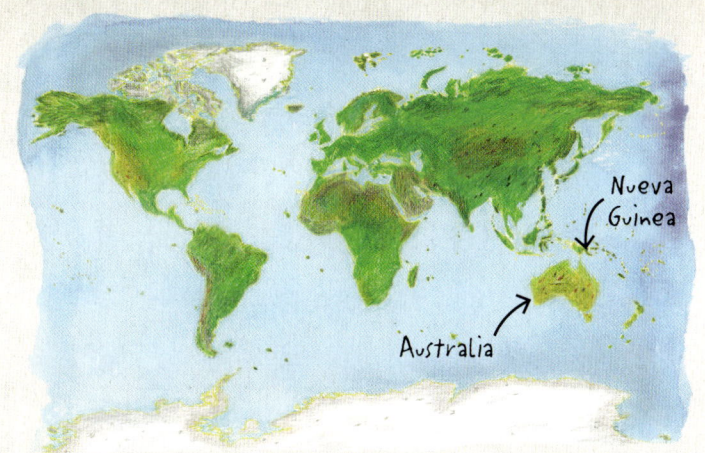

Nueva Guinea

Australia

SERPIENTES MARINAS

Parientes de las terrestres, se distribuyen por los océanos Índico y Pacífico, y la mayoría viven cerca de Australia y Nueva Guinea. Existen 69 especies. Las serpientes marinas pasan toda su vida en el mar, mientras que los kraits marinos pasan parte del tiempo en el mar y parte en tierra firme. Las serpientes marinas son muy venenosas, pero solo muerden a una persona si se las provoca.

Las serpientes de mar tienen los colmillos cortos y 18 dientes más pequeños. Cuando muerden a su presa, también suelen dejar la marca de algún diente pequeño.

DE LA TIERRA AL MAR

Los científicos creen que las serpientes marinas empezaron a diferenciarse de sus ancestros terrestres hace 15 millones de años. Desde entonces han desarrollado adaptaciones para vivir en el mar, como una cola plana para desplazarse por el agua y la capacidad de eliminar el exceso de sal de su flujo sanguíneo.

Tiene unas fosas nasales especiales que se cierran al sumergirse en el agua.

Algunas serpientes marinas pueden absorber hasta una tercera parte del oxígeno que necesitan a través de la piel.

OXÍGENO

Los kraits dividen su tiempo entre la tierra y el mar.

Sobrevivir en el mar

Las serpientes marinas respiran aire. La mayoría pueden aguantar la respiración unos 30 minutos. Luego tienen que salir a respirar. Pero algunas pueden permanecer bajo el agua hasta ocho horas, ya que absorben el oxígeno del agua a través de la piel.

Para permanecer hidratada en el agua salada, bebe con mucho cuidado la fina capa de agua dulce que se forma en la superficie del océano cuando llueve.

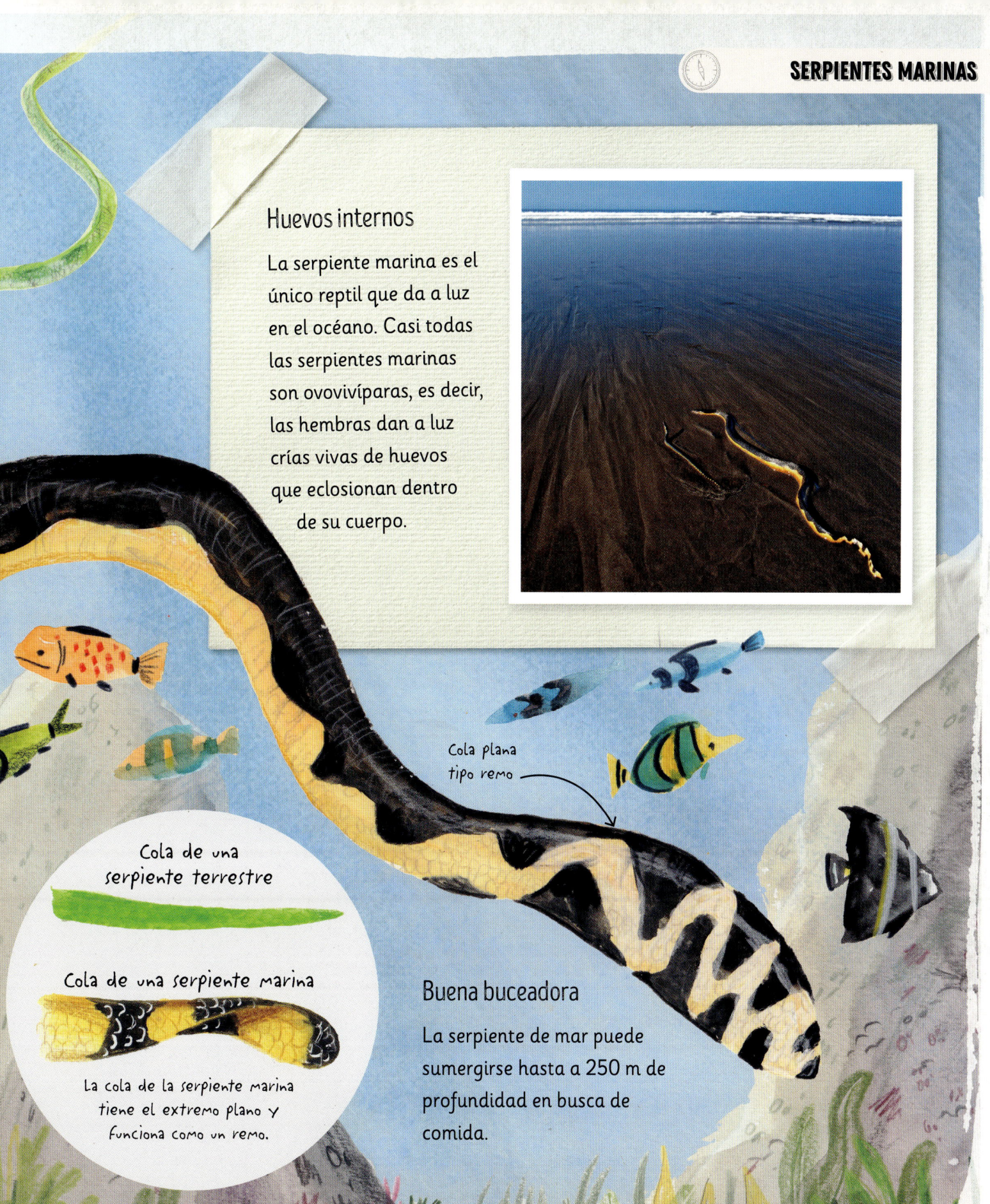

Huevos internos

La serpiente marina es el único reptil que da a luz en el océano. Casi todas las serpientes marinas son ovovivíparas, es decir, las hembras dan a luz crías vivas de huevos que eclosionan dentro de su cuerpo.

Cola plana tipo remo

Cola de una serpiente terrestre

Cola de una serpiente marina

La cola de la serpiente marina tiene el extremo plano y funciona como un remo.

Buena buceadora

La serpiente de mar puede sumergirse hasta a 250 m de profundidad en busca de comida.

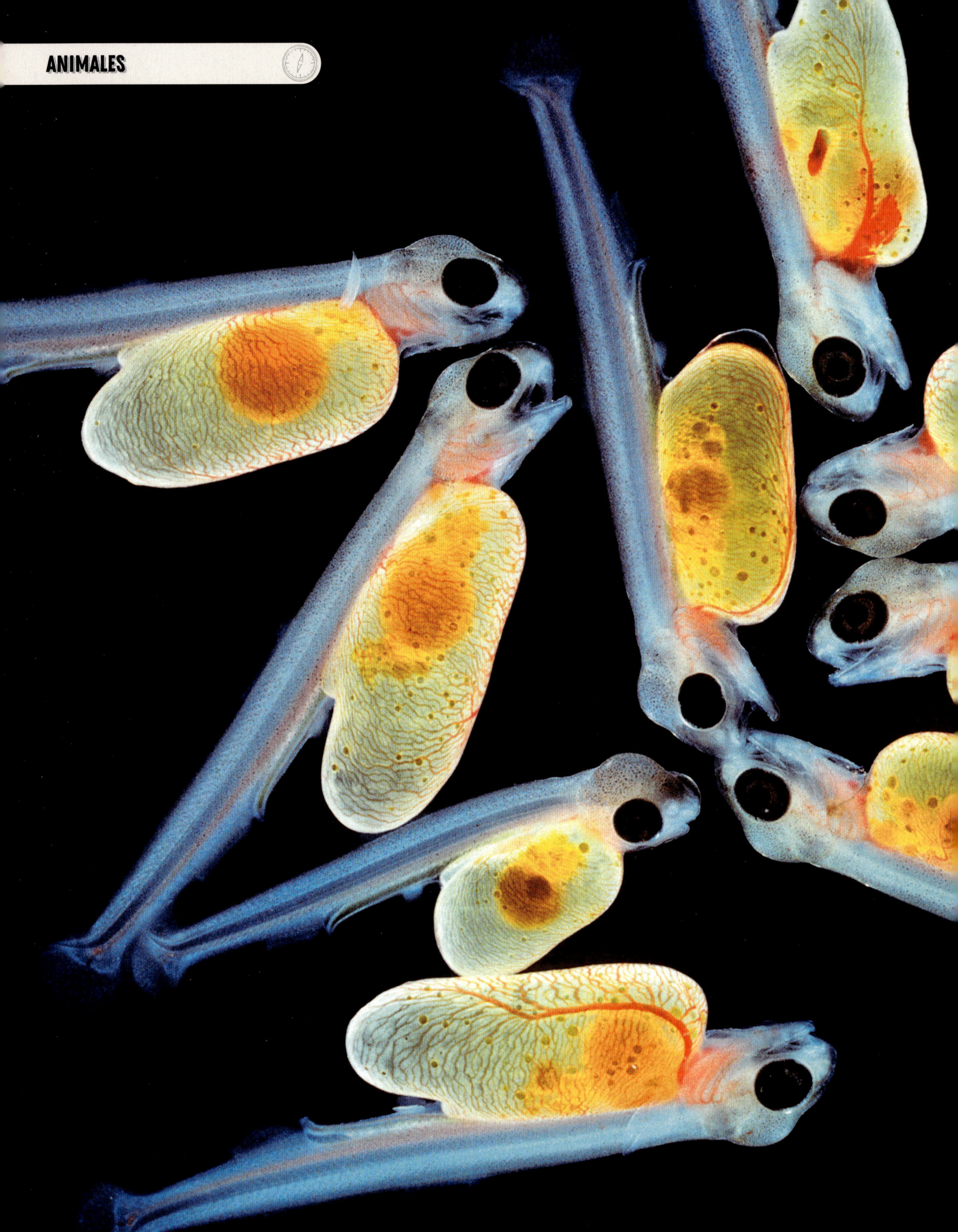

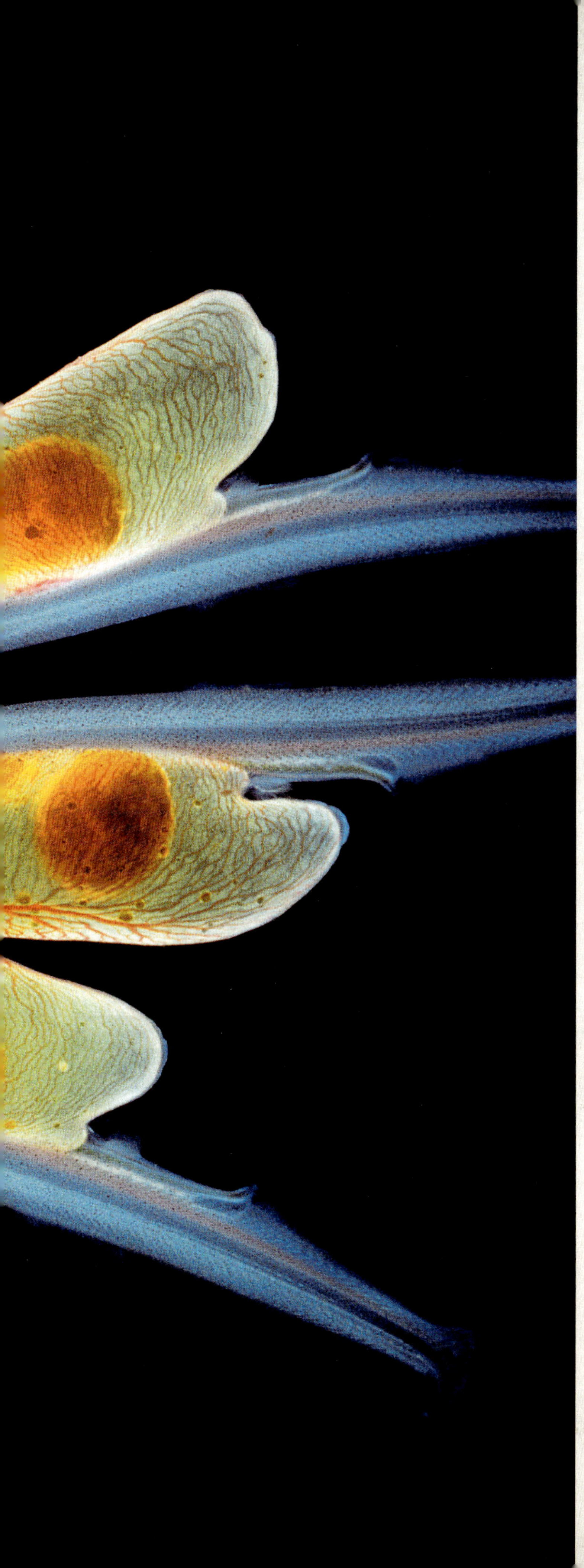

Zona de luz solar

CRÍAS DE PEZ

Las larvas de pez pueden verse flotando en las aguas de la superficie de todos los océanos. La mayoría de ellas no son más grandes que una uña y algunas son incluso más pequeñas. Su extraño cuerpo no se parece en nada a cómo serán de adultas. Las larvas no pueden nadar a contracorriente ni alejarse de los depredadores, así que tienen que camuflarse o imitar a otras especies para aumentar sus posibilidades de sobrevivir.

Larva de anguila

Los científicos creen que las larvas de las anguilas evolucionaron para parecerse a los ctenóforos céstidos, un tipo plano de medusa peine que los depredadores suelen evitar.

Ctenóforo céstido

DESARROLLO

Al madurar, su cuerpo cambia y muchos de los rasgos que tenían de larva desaparecen. Por eso resulta tan difícil saber a qué especie pertenece una larva de pez, incluso para los científicos.

Busca la pareja

Los científicos solo han logrado emparejar una parte de los peces marinos con sus larvas. ¿Encuentras algún parecido entre las crías y los adultos de abajo?

Larva de pez sapo

Larva de cangrejo guisante

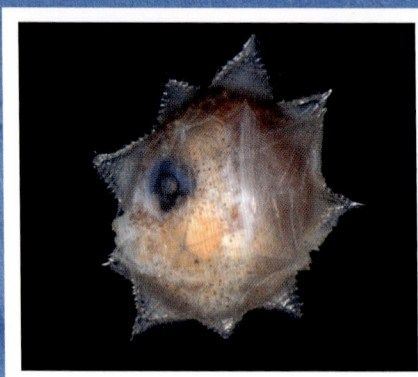

Larva de pez luna

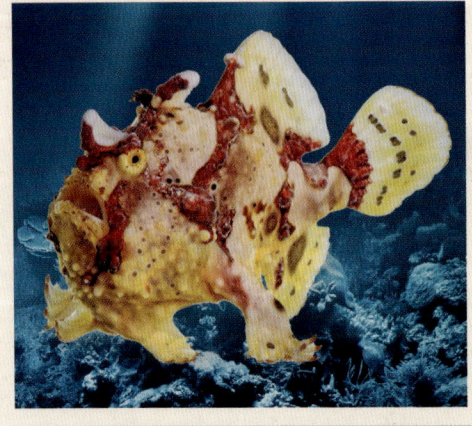

Pez sapo adulto

Cangrejo guisante adulto

Pez luna adulto

Larva de
platija

Aquí están mis ojos

La platija, como todos los peces planos, se pasa la vida en el lecho marino, así que es lógico que tenga los dos ojos en el mismo lado de la cabeza. Pero cuando nace no es así.

Platija
adulta

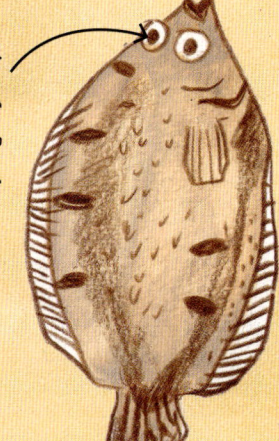

Como la mayoría de los peces, la larva de la platija tiene un ojo en cada lado de la cabeza.

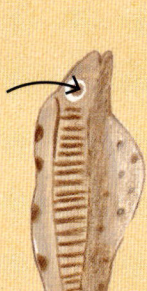

A medida que madura, uno de los ojos empieza a desplazarse hacia el otro.

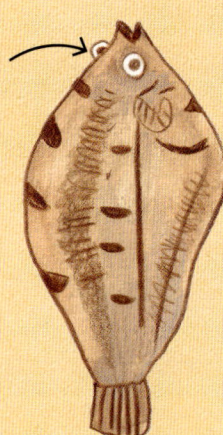

Al final, ambos ojos terminan en el mismo lado de la cabeza.

Larva de pez león

Larva de anguila cúspide

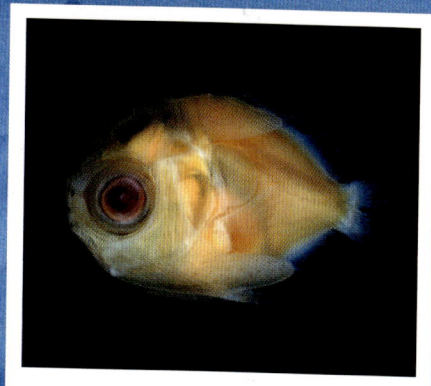

Larva de pez mariposa

Pez león adulto

Anguila cúspide adulta

Pez mariposa adulto

El pez loro vive en los arrecifes de coral.

CASAS INCREÍBLES

La mayoría de las criaturas marinas pasan todo el tiempo en mar abierto, pero algunas encuentran un lugar concreto para vivir. Tener un refugio ayuda a muchas especies a evitar depredadores, atraer posibles parejas o conseguir comida. El pez loro construye una burbuja de moco y pasa la noche dentro para que los parásitos no lo muerdan mientras duerme. Además, contiene antibióticos para aniquilar a los parásitos.

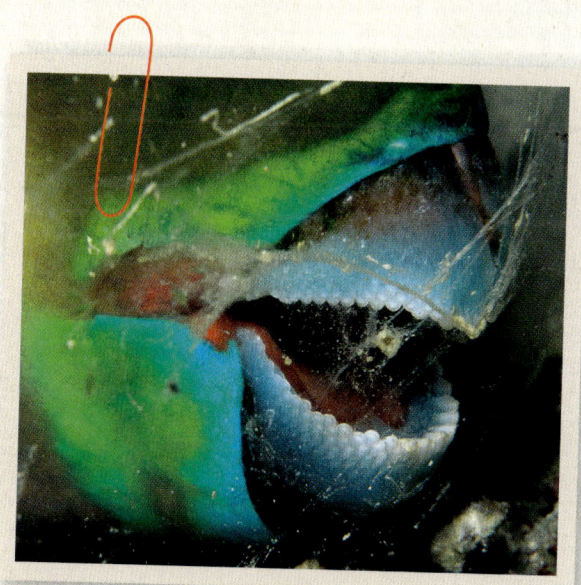

¡Imagínate como sería dormir en un saco de dormir hecho de moco! Unos órganos especiales situados detrás de sus branquias producen una burbuja de moco que envuelve todo su cuerpo.

REFUGIO MARINO

El nautilo de papel, un curioso pulpo también conocido como argonauta, se pasa la vida en alta mar, donde cuesta encontrar un lugar perfecto para poner huevos. Para solucionar el problema, la hembra construye una estructura parecida a un caparazón, que sirve de refugio para ella y sus huevos.

El argonauta atrapa burbujas de aire dentro del caparazón para desplazarse por el agua sin mucho esfuerzo.

Construcción de la casa

1. Tras aparearse, la hembra del argonauta produce un fuerte material llamado calcita.

2. Capa a capa, construye un fino caparazón de calcita.

3. La hembra pone los huevos dentro del caparazón y luego se mete también ella.

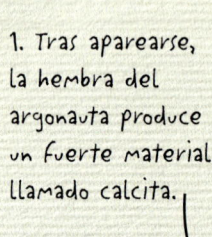

Caparazón

Burbujas de moco

El larváceo gigante es un invertebrado de cuerpo blando que parece un alienígena y se encuentra en las profundidades. Se construye una mansión hecha de moco pegajoso a partir de unas células de la cabeza. ¡El animal mide menos de 10 cm de largo, pero su mansión puede llegar a medir 1 m de largo!

El cuerpo del larváceo está en el centro de una enorme burbuja de moco.

Conducto acogedor

Algunos perleros se refugian en el cuerpo de invertebrados como la estrella de mar y la ostra. Uno de sus lugares preferidos para ocultarse es el ano del pepino de mar. La mayor parte del tiempo viven allí sin perjudicarlo, pero a veces se comen sus órganos internos.

El pepino de mar respira absorbiendo agua por el ano.

El perlero se mete en el ano del pepino de mar cuando lo abre para tomar un trago de agua.

RUIDO SUBMARINO

El océano puede parecer un lugar apacible, pero en realidad es bastante ruidoso. Hay ballenas que cantan, meros que gruñen y peces loro que mastican ruidosamente el coral. La velocidad del sonido es cuatro veces mayor en el agua que en tierra, así que muchos animales marinos han desarrollado su sentido del oído para comunicarse y sobrevivir.

El delfín emite ráfagas de chasquidos.

El sonido rebota en los peces cercanos y viaja de vuelta hasta el delfín, ayudándole a localizar la presa.

Los delfines y otros mamíferos marinos localizan el alimento y otros objetos mediante la ecolocalización, la habilidad de localizar peces y objetos mediante el sonido.

UN OCÉANO SONORO

Los animales marinos producen una gran variedad de sonidos con el fin de encontrar el alimento, intimidar a los rivales y comunicarse entre ellos. Se sabe que hay más de 800 especies de peces, entre ellos el mero, el pez loro y el pez payaso, que ululan, gimen, gruñen, gimotean, golpean, ladran, gorjean o emiten sonidos de todo tipo.

Pequeño pero ruidoso

El camarón pistola emite chasquidos increíblemente fuertes y rápidos con su pinza descomunal para cazar a sus presas. Cada chasquido produce una onda expansiva tan potente que puede aturdir o incluso matar a un pez pequeño.

Mero

Pez loro

Los chasquidos de la pinza de este camarón pistola pueden alcanzar los 210 decibelios. Más que un disparo, que alcanza unos 160 decibelios.

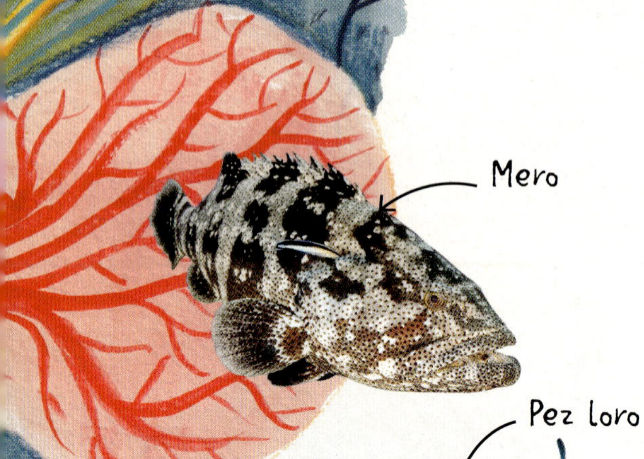

Pez payaso

Canciones del mar

Las elaboradas canciones de las ballenas son una amalgama de largos gemidos, gruñidos, silbidos y chillidos. Algunas ballenas pueden oírse desde 16 000 km de distancia, como desde Atenas, en Grecia, a Sídney, en Australia.

Ballena azul

Ballena jorobada

Así es la grabación de una canción de la ballena jorobada. Estas ballenas son famosas por sus inquietantes y cautivadoras melodías.

Zona de luz solar

INSECTOS OCEÁNICOS

El océano alberga muchos tipos de animales, pero hay un grupo prácticamente inexistente: los insectos. En alta mar solo viven cinco especies y todas ellas pertenecen al grupo de patinadores oceánicos, unos bichos del tamaño de un grano de pimienta que se deslizan por la superficie del agua.

Vivir en la superficie del océano no es fácil. Los patinadores oceánicos no tienen donde refugiarse de las fuertes olas, el sol abrasador y los depredadores como las gaviotas.

MANTENERSE A FLOTE

Los patinadores oceánicos pueden mantenerse a flote en la superficie del océano sin hundirse. Lo consiguen gracias a su peso tan liviano, al pelo microscópico que les cubre patas y pies, y a un revestimiento especial que repele el agua.

Pelo

Cera corporal

Los patinadores oceánicos producen una sustancia cerosa con el abdomen que luego extienden con regularidad por su cuerpo y sus patas. Dicha cera repele el agua.

Gracias a la mezcla de pelos cortos y largos de las patas y los pies, los patinadores pueden permanecer de pie sobre el agua y correr por encima de ella. ¡Tocan la superficie del agua con menos del 5 por ciento del pie!

INSECTOS COSTEROS

Los patinadores oceánicos son los únicos insectos que viven en alta mar, pero hay muchos bichos que lo hacen a lo largo de la costa.

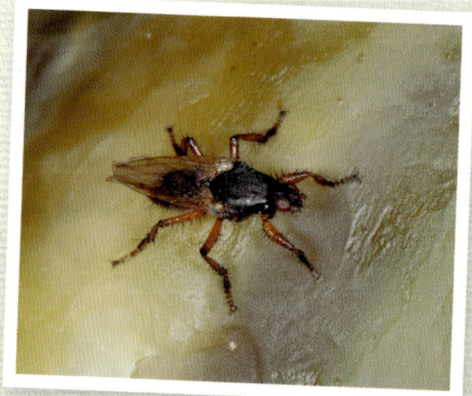

Mosca de las algas

Allí donde hay kelp, suele haber moscas de las algas. Estos insectos pardos se congregan en la orilla, alrededor de las algas en descomposición, que sirven de criaderos para sus larvas.

Evitar el peligro

En la superficie del océano, los depredadores pueden atacar desde arriba y desde abajo, y no hay donde esconderse de ellos. Los patinadores se han adaptado a este entorno hostil volviéndose rápidos y ágiles.

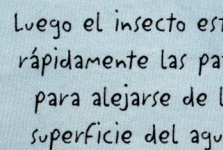

El patinador presiona la superficie con el cuerpo para usarlo como trampolín y rebotar hacia el cielo.

Luego el insecto estira rápidamente las patas para alejarse de la superficie del agua.

Finalmente salta hacia arriba. ¡Se tienen registros de algunos que han saltado más rápido que la velocidad del sonido!

Chaleco salvavidas

Los pelos diminutos (o plastrón) que cubren el cuerpo del patinador retienen una capa de aire a su alrededor. Si es arrastrado bajo el agua, el aire funciona como un chaleco salvavidas y hace que flote de vuelta a la superficie. Además, le permite respirar bajo el agua durante largos periodos de tiempo.

Araña lobo playera

Estas diminutas arañas miden unos 11 mm. Su color marrón oscuro les permite camuflarse en las playas arenosas en las que viven. Su mordedura es venenosa, pero no es letal para los humanos.

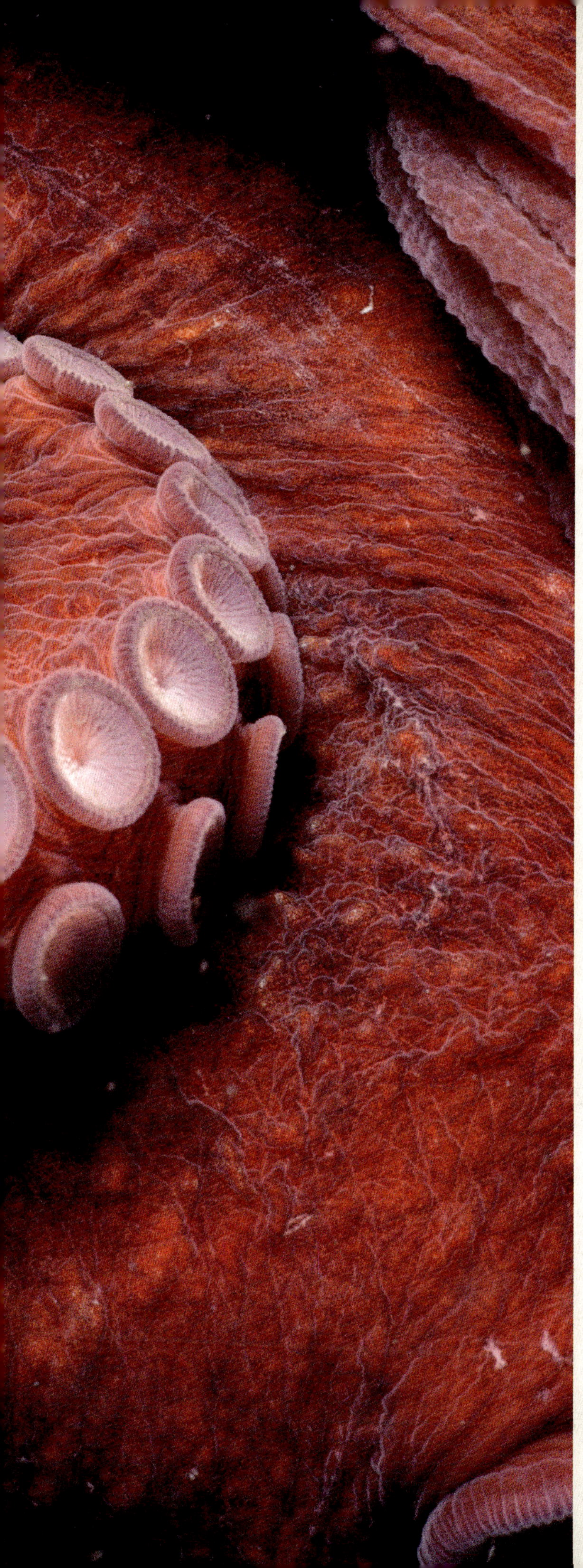

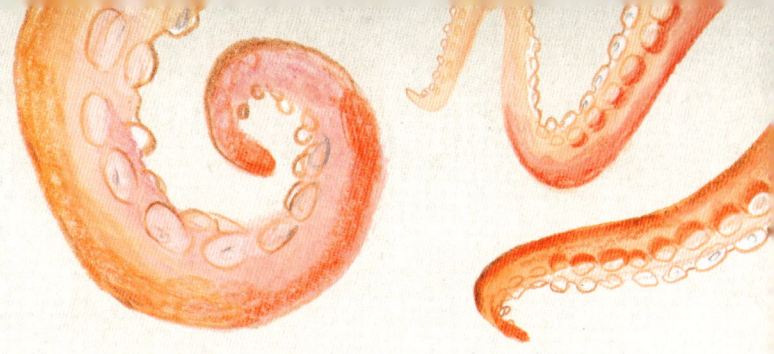

SUPERSENTIDOS

El océano está lleno de animales cuyos sentidos del olfato, la vista, el gusto, el tacto y el oído superan con creces los nuestros. Algunos tienen sentidos especiales que los humanos no poseemos. En el caso del pulpo, cada ventosa (pueden tener cientos de ellas) de sus patas contiene tantos receptores del gusto como toda tu lengua.

El pulpo tiene el sentido del gusto muy desarrollado y con él detecta presas y determina si puede comerlas. Los científicos creen que reconoce a las personas.

Las aberturas de las ampollas de Lorenzini parecen puntos negros.

BAJO EL AGUA

No es solo su desarrollado sentido del olfato lo que hace de los tiburones grandes cazadores. Los tiburones y otros peces tienen unos órganos especiales en la piel con los que perciben las señales eléctricas producidas por el movimiento de otros animales. Estos órganos sensoriales, llamados ampollas de Lorenzini, les ayudan incluso a localizar presas que están lejos o sepultadas en la arena.

Bajo la piel

Piel del tiburón

Abertura

Canal lleno de gel

Células sensoriales en la base del canal

Fibra nerviosa

Las ampollas de Lorenzini son una red de canales llenos de un gel que transmite las señales eléctricas de otros animales hasta las células sensoriales de la base del canal. Luego la señal es transferida al cerebro a través de fibras nerviosas.

Pelos sensoriales

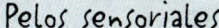

Pelos útiles

Los manatíes están cubiertos de unos pelos especiales con los que perciben el menor movimiento del agua. También tienen unos largos bigotes muy sensibles que les ayudan a localizar las praderas marinas cuando el agua está turbia.

Sentido del equilibrio

Las medusas de peine, o ctenóforos, usan unos receptores especializados llamados estatocistos para saber si están boca abajo. Gracias a ellos pueden orientarse cuando se desplazan entre las aguas superficiales y las más profundas.

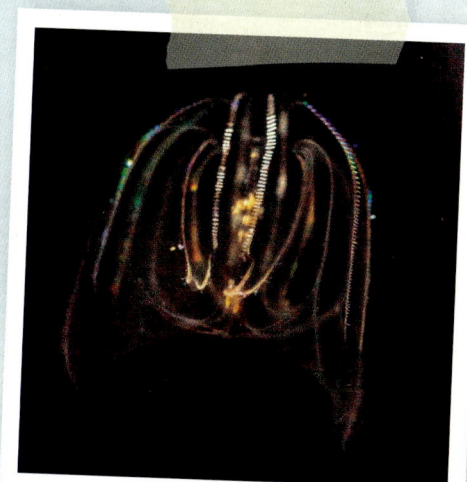

El pulpo usa las ventosas para tocar y saborear.

Línea lateral

Línea lateral

Todos los peces y algunos anfibios tienen un conjunto de diminutos órganos sensoriales en los lados que se conocen como línea lateral. Les permite percibir las vibraciones y los cambios de presión del agua que les rodea y saber dónde están.

BOLA DE CEBO

En alta mar, a veces el mejor lugar para esconderse es detrás de algún colega. Cuando se enfrentan a un depredador, los bancos de peces pequeños suelen agruparse para formar lo que se conoce como una bola de cebo. Estas bolas dinámicas pueden contener cientos de miles de peces. Los pececillos forman bolas de cebo, pero los depredadores han aprendido a atacarlas.

Un pez es una presa fácil para un depredador, pero si son muchos le cuesta más atraparlos.

APETITOSO CEBO

Formar una bola de cebo puede compensar al grupo, pero atrae a toda clase de depredadores, desde grupos de tiburones hasta vainas de marsopas. Estos depredadores recurren a distintos métodos para atrapar a los peces de la bola de cebo.

Ballena jorobada

La ballena jorobada pertenece al grupo de las ballenas barbadas. Tiene una estrategia especial para alimentarse: se pone debajo de la bola y la embiste a gran velocidad con la boca abierta. La abertura de su enorme boca crea un vacío que succiona los peces, junto a grandes cantidades de agua. Se conoce como alimentación por embestida.

El pez vela, el pez espada y el marlín usan su pico puntiagudo para penetrar en la bola de cebo, aturdiendo y acuchillando a los peces que hay dentro. Los peces aturdidos no son capaces de mantener su posición en la bola, lo que facilita la caza al depredador.

Las aves marinas como los alcatraces se lanzan en picado desde el cielo, a veces desde más de 30 m, para coger velocidad y sumergirse en el mar. Pueden alcanzar los 86 km/h y pillar a los peces de la bola por sorpresa.

Tiburón aleta negra

Este tiburón atraviesa la bola de cebo como una flecha, girando y atrapando a los peces entre sus mandíbulas. Se mueve tan deprisa que a menudo irrumpe en la superficie y sale volando por los aires.

CÓMO FUNCIONA

Formación de la bola

La bola de cebo se forma cuando un depredador encuentra un banco de peces. El depredador se aproxima a los peces y los obliga a acercarse a la superficie con tácticas de intimidación. Al final los peces quedan atrapados entre los depredadores y la superficie, incapaces de escapar.

1. Los pececillos nadan en un grupo disperso llamado banco hasta que se acerca un depredador por abajo.

2. El depredador los hace subir hacia la superficie. Atrapados entre la superficie y el depredador, se revuelven para intentar huir.

3. Los peces forman una bola compacta para protegerse unos a otros del ataque. Los peces del exterior son atrapados.

Los calamares pertenecen a la familia de los moluscos, como los caracoles y las almejas.

SUPERCALAMAR

Quizá hayas oído hablar del monstruoso calamar gigante o del calamar colosal, pero ser tan grande no es lo único que los diferencia de otras criaturas de las profundidades. Pueden cambiar de color en un santiamén, lanzar tinta a sus presas y nadar más rápido que cualquier otro invertebrado del océano. Con habilidades como esas, no es de extrañar que lleven más de 500 millones de años viviendo en el mar.

El calamar de aleta grande, una especie de las profundidades recién descubierta, es el calamar con los brazos más largos. Mide unos 4-8 m de longitud.

INVERTEBRADOS CON TINTA

Hay más de 300 especies de calamares, que viven en las profundidades o en los arrecifes de coral. Gracias a su habilidad para huir y engañar a presas y depredadores, los calamares han sobrevivido en todos los entornos marinos.

El calamar puede cambiar de color en una fracción de segundo.

Aletas

Torso

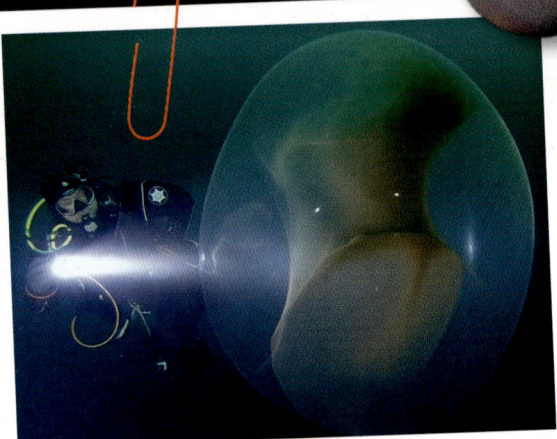

El enorme saco de huevos de la hembra de la pota puede contener entre 50 000 y 200 000 huevos.

Huevos gigantes

En 2019, unos submarinistas encontraron una especie de gota de su tamaño en el mar de Noruega. Al examinarla más de cerca, vieron que contenía miles de huevos de calamar. Los científicos descubrieron que se trataba de un saco de huevos de pota o calamar de aletas cortas.

¿PULPO O CALAMAR?

Pulpo

Para diferenciar un pulpo de un calamar, observa su cabeza y sus brazos. El pulpo tiene ocho brazos y su cabeza tiene forma redondeada.

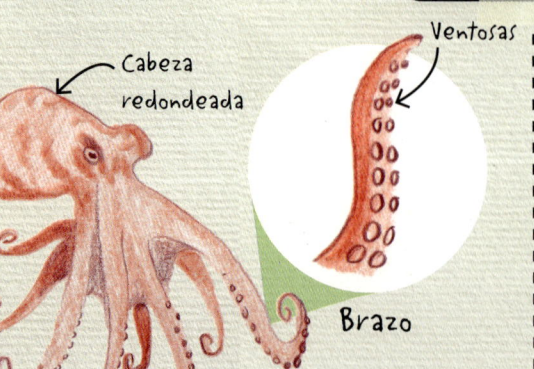

Cabeza redondeada

Ventosas

Brazo

Ocho brazos

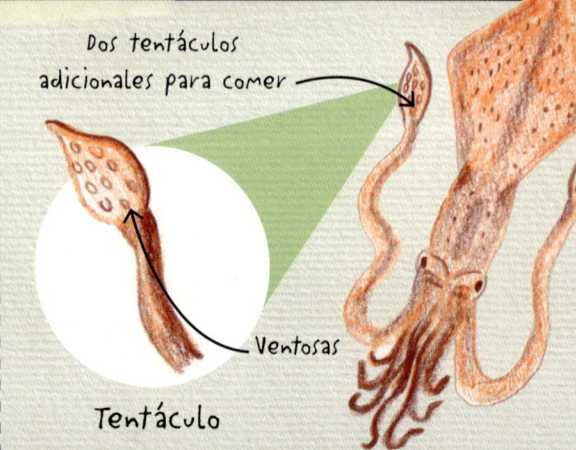

Dos tentáculos adicionales para comer

Ventosas

Tentáculo

Las ventosas tienen bordes dentados para sujetar las presas.

Cabeza

Ojo

Brazo

Ventosa

Tentáculo para comer

Buenas armas

Calamares de muchas especies, como este calamar volador japonés, tienen varias hileras de dientes afilados dentro de las ventosas que cubren sus brazos y tentáculos. Algunos cuentan además con unos ganchos que parecen colmillos para sujetar bien a las presas.

Calamar

Como el pulpo, el calamar tiene los brazos cubiertos de ventosas, pero además tiene dos tentáculos especiales para atrapar presas. Su cabeza es más triangular.

Como el pulpo, el calamar puede producir nubes de tinta para escapar si le ataca un depredador. La tinta se usa a veces como ingrediente culinario.

Meros y morenas colaboran en los arrecifes de coral.

UN BUEN EQUIPO

En el océano, suelen establecerse relaciones entre animales de distintas especies, como el mero coral y la morena, que a menudo cazan en equipo. Estas asociaciones pueden adoptar distintas formas. En algunos casos ambas especies se benefician, pero en otros una se beneficia y a la otra no le afecta. Asociarse con otras especies puede ayudar a los animales a encontrar el alimento, a defenderse de depredadores e incluso a mantenerse limpios.

Cuando un mero coral quiere que una morena cace con él, se lo hace saber zarandeando enérgicamente su cuerpo.

Morena

Mero coral

MEJOR JUNTOS

Para muchos animales marinos, asociarse con otra especie puede hacer que todo, desde encontrar comida a conseguir un refugio, resulte mucho más fácil. De hecho, algunas asociaciones entre especies son tan beneficiosas que una de las especies no puede sobrevivir sin la otra.

Cuando un erizo de mar da un paseo subido al lomo de un cangrejo portador, sus espinas protegen al cangrejo de los depredadores.

ALIMENTO POR REFUGIO

Unas algas microscópicas llamadas zooxantelas fabrican su alimento con la fotosíntesis. Las algas comparten dicho alimento con los corales a cambio de un hogar seguro en su estructura de carbonato cálcico.

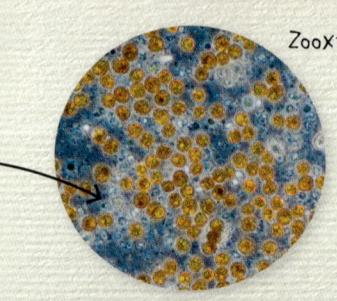

Zooxantelas

Coral

Las zooxantelas, además de proporcionar alimento a los corales, les confieren sus vivos colores.

Las rémoras pasan la mayor parte del tiempo adheridas a especies mucho más grandes, como tiburones, tortugas marinas y mantas raya. Así consiguen protección frente a los depredadores. En señal de agradecimiento, mantienen la piel de su anfitrión limpia y sin parásitos.

Compañeros de piso

Los gobios y los camarones pistola viven juntos en madrigueras que construye y mantiene el camarón pistola, que es prácticamente ciego. A cambio, el gobio le presta sus ojos y le avisa cuando se acerca algún depredador moviendo la cola.

Camarón pistola

Gobio

Zona de luz solar

NEUSTON

Una gran área de la superficie del océano está cubierta por plantas y animales que se conocen como neuston. Los científicos apenas saben nada de estos organismos, que se pasan la vida a la deriva arrastrados por el viento y las corrientes. Han desarrollado estrategias fascinantes para permanecer a flote. El caracol violeta común de la imagen de la izquierda flota aferrándose a una «balsa» hecha de burbujas que crea con su moco.

Este curioso y hermoso neuston se llama velella. Flota gracias a unos círculos de tubos llenos de gas. Sus tentáculos cuelgan hacia abajo para atrapar presas.

FLOTACIÓN

Los neuston recurren a distintos métodos para permanecer a flote. Algunos flotan sobre la superficie del agua, mientras que otros lo hacen bajo la superficie del agua.

Carabela portuguesa

La carabela portuguesa no puede desplazarse ella sola. Depende del movimiento del océano. Un flotador lleno de gas la mantiene en la superficie y la cresta funciona como una vela impulsada por el viento.

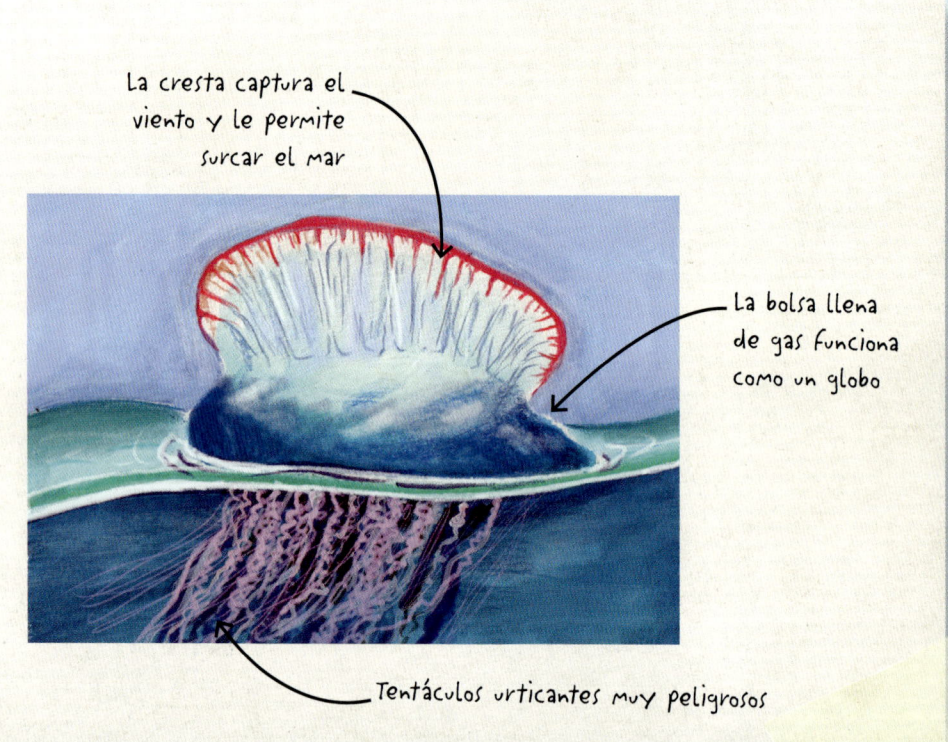

La cresta captura el viento y le permite surcar el mar

La bolsa llena de gas funciona como un globo

Tentáculos urticantes muy peligrosos

¿Plástico o neuston?

Hay neuston por todo el mundo, pero muy especialmente en alta mar. Suelen acumularse cerca de restos de basura, porque son arrastrados por las mismas corrientes.

La basura se acumula y puede dañar los neuston y otras criaturas.

Neuston flotando en la superficie

La parte superior de
la carabela portuguesa
está formada por un
flotador y una vela.

Peligro a la vista

La carabela portuguesa es un neuston
extremadamente venenoso que puede
encontrarse flotando en aguas tropicales
de todo el mundo. Parece una medusa,
pero en realidad es un sifonóforo. Es una
colonia de animales especializados llamados
zooides, que trabajan conjuntamente como
si fueran un solo animal.

Una colonia de
zooides cuelga
del flotador,
formando un
individuo.

Los zooides que
cuelgan del flotador
tienen unos tentáculos
urticantes llenos de
un veneno capaz
de paralizar un pez e
intoxicar gravemente
a una persona. ¡Si ves
uno, aléjate!

Los neuston presentan una gran variedad de formas
y tamaños. Esta criatura es un dragón azul. Este
nudibranquio tiene una burbuja de aire en el
estómago que le ayuda a flotar.

113

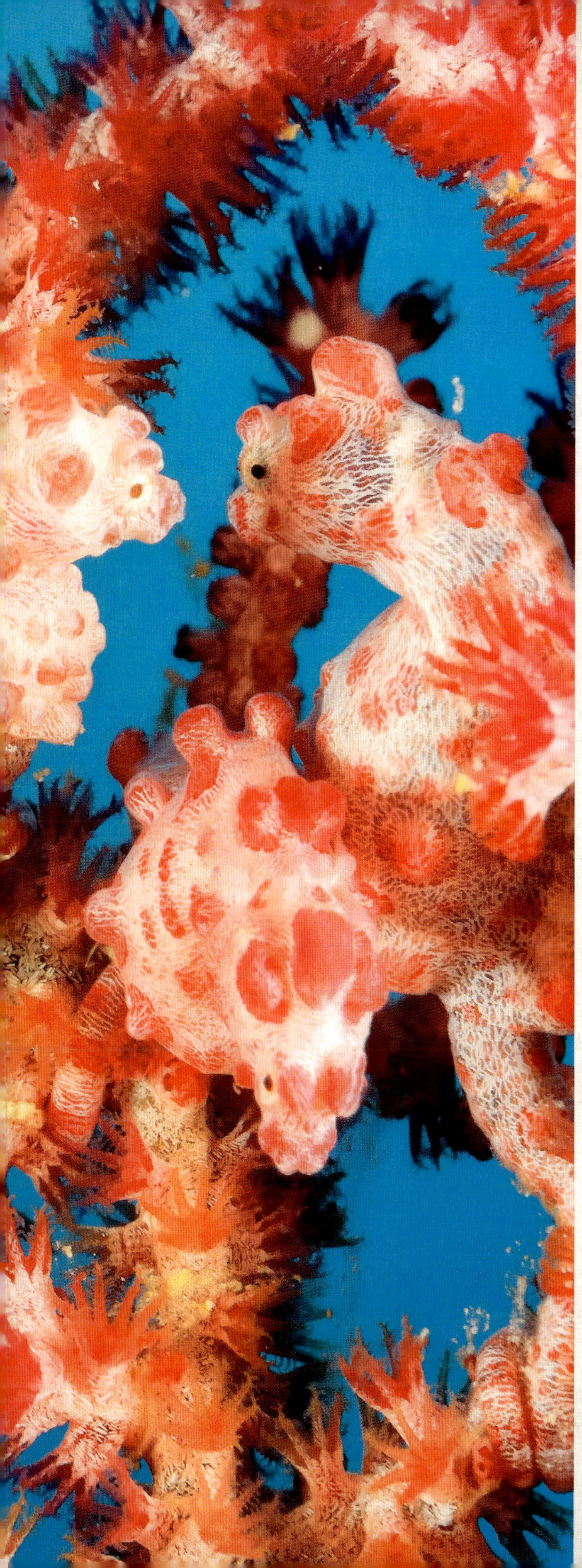

Los primeros caballitos de mar pigmeos se encontraron en Nueva Caledonia.

CAMUFLAJE

Como en el océano hay pocos sitios donde esconderse, muchos de sus habitantes han desarrollado estrategias para ocultarse de los depredadores. Algunos se presentan como poco apetecibles y otros se mimetizan con el entorno. Es casi imposible distinguir este caballito de mar pigmeo de la gorgorina marina rosada a la que tanto se parece.

Los caballitos de mar pigmeos se camuflan tan bien que la especie no fue descubierta hasta 1969. Un científico estaba examinando en su laboratorio una gorgorina marina de Nueva Caledonia, un grupo de islas del océano Pacífico, y descubrió dos.

DISFRACES DE TODO TIPO

La sepia, el pulpo y el calamar (todos ellos cefalópodos) cuentan con una serie de trucos para mimetizarse con el entorno: pueden cambiar de color y estampado y, en algunos casos, incluso el aspecto de la piel.

El calamar hawaiano tiene unas bacterias en la piel que cambian de color para parecer el mar que tiene encima. Eso le permite ocultar su silueta a las presas que nadan por debajo.

Algunos cefalópodos pueden cambiar la textura de la piel hinchando unas estructuras llamadas papilas.

CÓMO CAMBIAN DE DISFRAZ

Piel especializada

El secreto del camuflaje de un cefalópodo está en su piel. Tres tipos distintos de células distribuidas en tres capas diferentes controlan el color y el brillo de la piel.

Corte transversal de la piel del cefalópodo

Coloración enigmática

Algunas especies, como esta sigilosa platija, han evolucionado para tener el mismo aspecto que la naturaleza circundante. Mimetizándose con el lecho marino, los arrecifes o las algas, se ocultan de los depredadores o cazan a sus presas por sorpresa.

Camuflaje por coloración

Tener el vientre claro y el lomo oscuro permite a algunos animales mimetizarse con el agua más clara de encima y la más oscura de abajo. Los tiburones usan este tipo de camuflaje, llamado contracoloración, para sorprender a sus presas.

Disfrazado

El cangrejo decorador se esconde enmascarándose con un disfraz. Para camuflarse en el lecho marino, se cubre con trozos de algas, esponjas e incluso pequeñas anémonas, que fija a las cerdas que recubren su cuerpo.

Cuando un cangrejo decorador cambia de caparazón, coge los adornos y los reutiliza.

En la capa superior de la piel, unas células que cambian de color llamadas cromatóforos hacen que la piel pase de roja a negra y a marrón.

En la segunda capa, unas células llamadas iridóforos reflejan la luz y crean verdes, azules y dorados.

En la tercera capa, unas células llamadas leucóforos reflejan los colores del entorno.

Zona de luz solar
Zona crepuscular
Zona de medianoche

CRIATURAS ESPELUZNANTES

Bajo la superficie no hay insectos, pero sí muchas criaturas capaces de ponerte los pelos de punta. En el océano viven especies espeluznantes, desde enormes arañas de mar más grandes que tu cabeza hasta gusanos gigantes de fuertes mandíbulas.

El gusano bobbit, que mide 3 m de largo, no tiene ojos, pero dispone de unas afiladas mandíbulas como hojas de tijera con las que corta en dos a sus presas.

HORRIPILANTES

Las arañas de mar, una de las criaturas más espeluznantes del océano, se arrastran por el lecho marino en busca de animales de cuerpo blando que devorar. Para comer, insertan una pieza bucal grande en forma de pajita llamada probóscide en el cuerpo de su víctima y sorben sus vísceras.

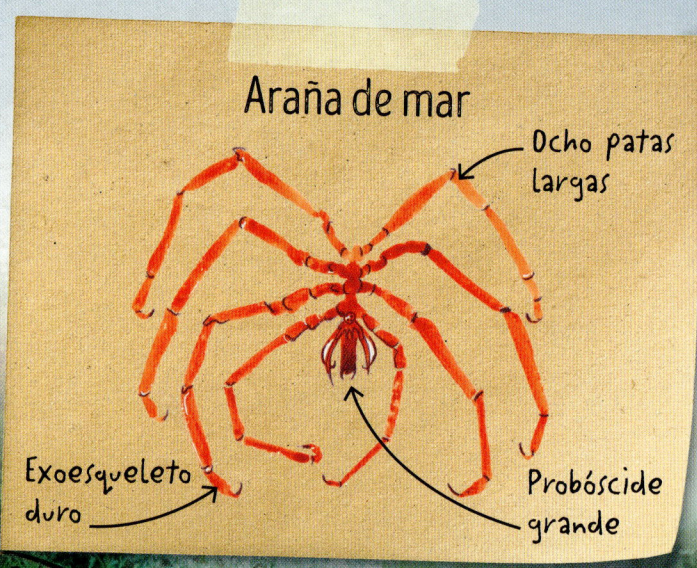

Araña de mar

Ocho patas largas

Exoesqueleto duro

Probóscide grande

Las patas de la araña de mar pueden medir entre 1 mm y 50 cm de largo.

Incubación y eclosión

Las crías de araña de mar reciben la protección de sus entregados papás. Tras fertilizar los huevos de la hembra, el macho reúne los huevos y los cubre con una sustancia pegajosa para que sean fáciles de transportar. Lleva los huevos encima hasta que eclosionan.

Isópodo adherido
a la lengua

Isópodo come lengua

El isópodo come lengua tiene una forma repugnante de asegurarse la comida. Este pequeño crustáceo se mete en la boca de un pez a través de las branquias, le hace un corte en la lengua y se adhiere a ella. Por si esto no fuera ya suficiente, el isópodo se alimenta de la sangre o del moco del pez anfitrión hasta que este muere.

Frondas de colores

El gusano árbol de Navidad, con sus delicadas frondas, o radiolas, de vivos colores sobresaliendo de la cabeza, se parece a los árboles a los que debe el nombre. Encajonado entre las rocas, oculta su curioso cuerpo tubular, listo para esconder la cabeza si hay algún peligro, como una tortuga encerrada en su caparazón.

Una radiola especial bloquea la entrada del tubo.

Su cabeza está formada por radiolas, unos tentáculos plumosos para respirar y comer.

La mayor parte del cuerpo está oculto en un largo tubo en el lecho marino.

Estos gusanos de cabeza blanda tienen un aspecto raro, pero son inofensivos. Se alimentan de plancton, que captan con las diminutas cerdas de sus radiolas.

Gusano árbol
de Navidad

El macho del caballito de mar da a luz a sus crías.

LOS MEJORES PADRES

Muchas especies marinas se dedican en cuerpo y alma a cuidar de sus crías. Este macho de pez cardenal lleva a sus crías nonatas en la boca hasta que eclosionan. No se las saca de la boca ni un segundo. ¡Ni siquiera para comer!

El macho del bocón cabeza amarilla lleva los huevos en la boca. Los escupe un momento para moverlos y luego vuelve a metérselos en la boca aspirándolos.

La hembra del pulpo gigante puede llegar a poner 14 000 huevos.

Incubación extrema

La mayoría de hembras de pulpo incuban (cuidan de sus huevos) unos meses. Pero los científicos han constatado que un pulpo de aguas profundas incubó los huevos durante 53 meses. Es el animal que pasa más tiempo incubando.

SUPERPADRES

Los papás y mamás de los océanos hacen grandes sacrificios por su prole. Las mamás pulpo se consagran especialmente a sus crías. Tras aparearse, protegen y cuidan de los huevos 24 horas al día hasta que eclosionan. A veces no pueden ni comer. Es un acto de dedicación total que puede costarles la vida.

La hembra de pulpo pone los huevos y los sujeta a una roca, de la que cuelgan hasta que eclosionan.

Ballena gris

Todos los años las ballenas grises migran más de 16 000 km para ir y venir de las zonas de alimentación. Las madres nadan cerca de sus ballenatos durante todo el recorrido para protegerlos de los depredadores, como la orca y el gran tiburón blanco.

El papá da a luz

En el caso de los caballitos de mar, son los machos los que experimentan el embarazo. Cuando está lista para aparearse, la hembra deposita los huevos en la bolsa incubadora del macho, donde son fertilizados y se desarrollan hasta que las crías están listas para nacer.

El caballito de mar puede estar varios días de parto.

Muchos peces
cambian de sexo a
lo largo de su vida.

PECES QUE CAMBIAN DE SEXO

Los organismos oceánicos experimentan todo tipo de cambios a lo largo de su vida, desde cambiar de color hasta perder partes de su cuerpo a medida que maduran. Algunas criaturas marinas cambian de sexo, pasando de hembras a machos o de machos a hembras. ¡Algunos animales lo hacen solo una vez en su vida, pero otros lo hacen varias veces al día!

Macho

Hembra

El pez labrido cabeza de oveja asiático puede cambiar de hembra a macho. Es un proceso largo e intenso, pero haciéndolo aumenta la cantidad de crías que puede producir.

En los primeros años de vida la dorada es macho, y luego se transforma en hembra.

GRANDES CAMBIOS

Unas 500 especies de peces son hermafroditas, término que se usa para describir a los animales que tienen tanto órganos sexuales masculinos como femeninos. Algunas tienen que sufrir transformaciones importantes para cambiar de sexo, mientras que otras pasan de un sexo a otro con facilidad.

De macho a hembra

Al nacer, todos los peces payaso son machos. Viven en las anémonas en grupos formados por una pareja reproductora y muchos machos jóvenes no reproductores. Al morir la hembra, el macho reproductor se convierte en hembra y el siguiente macho más grande asume el papel de macho reproductor. Así, no tienen que salir de su anémona para buscar una nueva pareja.

Una y otra vez

La mayoría de los peces que cambian de sexo lo hacen solo una vez, pero algunos, como el gobio Catalina Azul, lo hacen rápidamente muy a menudo. Gracias a ello el pez puede adaptarse a los cambios de su entorno, por ejemplo a la falta de machos para la reproducción.

Sexo y embriones

Casi todas las especies de pez pueden cambiar de sexo cuando son embriones. Que cambien o no depende de ciertas condiciones, como la temperatura o la acidez del agua, o que haya parásitos o determinadas sustancias químicas a su alrededor.

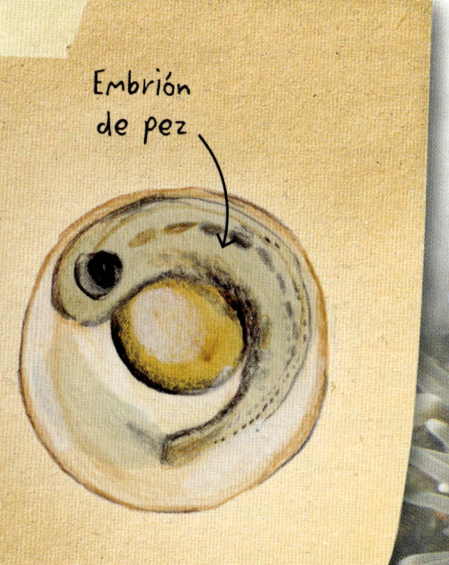

Embrión de pez

El curioso caso del serrano pálido

El serrano pálido, un pequeño pez de arrecife, puede cambiar los roles sexuales con su pareja hasta 20 veces al día durante la época de apareamiento. Así puede fertilizar prácticamente tantos huevos como produce, aumentando el número de vástagos que engendra.

Macho

Lote de huevos

Hembra

La hembra del serrano pálido pone dos grupos de huevos, llamados lotes, cada vez.

Los lotes de huevos son depositados en el macho para que los fertilice. Luego los peces intercambian sexo y repiten el proceso.

Zona abisal
Zona hadal

VIVIR EN EL ABISMO

El fondo del mar, pese a ser el hábitat más grande del mundo, es el lugar menos explorado de la Tierra. Este reino misterioso es terriblemente frío, soporta gran presión y está en constante oscuridad. A pesar de ello, alberga una increíble variedad de criaturas, tan curiosas que parecen de otro planeta. Estos animales están muy ligados a este mundo, y sustentan la vida en la Tierra.

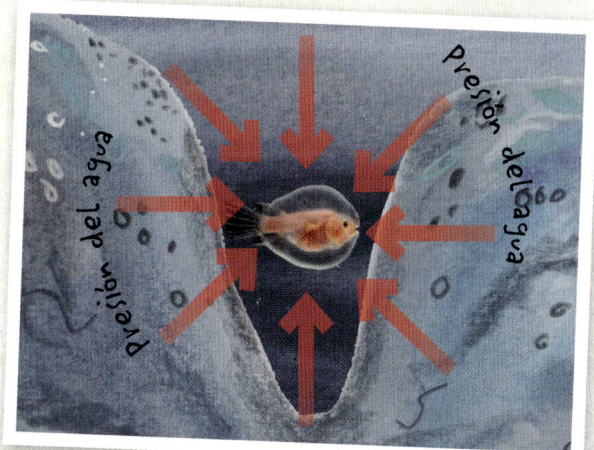

presión del agua

presión del agua

Hay tanta agua sobre la parte más profunda del océano que la presión sobrepasa los 1100 kg/cm². ¡Es como tener un rinoceronte sobre el dedo gordo del pie!

ZONAS TENEBROSAS

En las profundidades oscuras, las criaturas han tenido que adaptarse para sobrevivir. La mejor forma de comunicarse es con la luz, así que allí el 75 por ciento de las criaturas han desarrollado una propiedad llamada bioluminiscencia.

No se sabe por qué muchas medusas, como la medusa peine, producen luz. Podría ser para ahuyentar a los depredadores.

La luz del calamar luciérnaga la producen unos órganos llamados fotóforos.

Para distraer a los depredadores, en vez de tinta, el calamar vampiro lanza un moco que brilla en la oscuridad.

Cuerpos blandos

Muchos animales de las profundidades han desarrollado un cuerpo blando y gelatinoso para sobrevivir a las duras condiciones de las zonas oceánicas más profundas. Gracias a ello, su cuerpo no sufre ni se rompe bajo la enorme presión del agua que tienen encima.

Peces gelatinosos

Bajo el agua

A diferencia de los peces que viven en aguas superficiales, los peces de las profundidades no suelen tener esqueleto. Para lidiar con la enorme presión del agua, suelen tener la carne densa y gelatinosa, como este pez gota.

En tierra

Un cuerpo gelatinoso no suele mantener la forma fuera del agua, así que muchos animales de las profundidades tienen un aspecto distinto en tierra, como el pez gota.

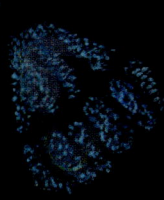

La bioluminiscencia es fruto de una reacción química que produce partículas de luz.

Gigantismo

No sabemos por qué, pero muchos animales de las profundidades son gigantes comparados con los de aguas superficiales. Algunos científicos creen que su tamaño les ayuda a conservar el calor, ya que lo pierden más despacio que los animales más pequeños.

El cangrejo gigante japonés, que vive en las profundidades, eclipsa a sus parientes de aguas superficiales. Este crustáceo gigante puede pesar hasta 18 kg y medir hasta 4 m.

El señuelo del pez linterna

La pesca con caña es un tipo de pesca en que la persona lanza al agua un cebo para atraer a los peces. Los peces linterna también son hábiles pescadores. Las hembras tienen un extraño apéndice bioluminiscente en la cabeza llamado señuelo, que, al moverse arriba y abajo, parece justo un pececillo de las profundidades.

El señuelo de la hembra del pez linterna consiste en una espina ósea coronada por una masa de carne brillante.

BIOLUMINISCENCIA COMO DEFENSA

Sorpresa
Un destello de luz puede sorprender y confundir al depredador.

Pantalla de humo
Algunos calamares lanzan un líquido brillante a los depredadores, creando una pantalla para poder escapar.

Reclamo
Algunos animales iluminan un brazo o la cola y se desprenden de ellos para confundir al depredador.

El señuelo obtiene la luz de millones de bacterias bioluminiscentes que viven en su interior.

Bioluminiscencia

En las zonas más profundas del océano, un poco de luz sirve de mucho. Los animales de las profundidades usan su deslumbrante bioluminiscencia de muchas formas, por ejemplo para sorprender a los depredadores, para atraer a sus presas e incluso para encontrar pareja.

De pesca para comer

El pez linterna mueve el señuelo hasta que logra atraer la atención de algún pez del tamaño adecuado. Cuando el pez se acerca al señuelo para investigar, el pez linterna sale de la oscuridad y lo atrapa con sus mandíbulas repletas de dientes.

BIOLUMINISCENCIA COMO ATAQUE

Shock

Un estallido de luz puede aturdir a las presas y hacer que sean más fáciles de capturar.

Señuelo

Algunos peces depredadores, como el pez linterna, usan la luz como señuelo para atraer a las presas.

Faro

La bioluminiscencia puede servir para atraer animales que buscan presas o posibles parejas.

Zona de medianoche

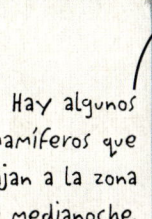

Hay algunos mamíferos que bajan a la zona de medianoche.

MAMÍFEROS BUCEADORES

Los mamíferos son de sangre caliente y respiran aire, y aunque parezca extraño, algunos se sumergen en el agua. También algunos humanos pueden sumergirse a bastante profundidad. Los bajau de Malasia, Filipinas e Indonesia pueden sumergirse hasta 13 minutos a más de 60 m para cazar peces. Muchos mamíferos marinos se han adaptado para sumergirse incluso a más profundidad.

Los buceadores a pulmón son humanos que se sumergen en el mar sin equipo de respiración. En 2007, Herbert Nitsch se sumergió 214 m en apnea.

EN EL OCÉANO AZUL

La habilidad para el buceo de los humanos no es nada comparada con la de otros mamíferos. Ballenas, focas y delfines pueden bucear hasta grandes profundidades y permanecer ahí mucho tiempo. Sumergirse en las profundidades les ayuda a encontrar comida y a evitar a los depredadores. Los mamíferos no pueden respirar bajo el agua, pero se han adaptado para permanecer ahí el máximo de tiempo sin respirar.

El ballenato de Cuvier, el mamífero que bucea a mayor profundidad, puede sumergirse a 2991 m de profundidad.

Cómo sobrevive un cachalote bajo el agua

Parece que el espermaceti, una sustancia cerosa que se encuentra en la cabeza del cachalote, ayuda a controlar su flotación bajo el agua.

Sus pulmones absorben el oxígeno de forma muy eficiente.

Usa la potente cola para propulsarse por el agua.

El cachalote puede ralentizar su ritmo cardíaco para usar menos oxígeno mientras bucea. ¡Los humanos que practican buceo a pulmón entrenan para hacer lo mismo!

Cuando se sumerge, puede desviar el flujo sanguíneo de la mayor parte del cuerpo hacia el cerebro y otros órganos vitales. Así usa menos oxígeno mientras no puede coger aire.

El cachalote puede aguantar la respiración durante 60 minutos.

El elefante marino del norte es un gran buceador.

Lidiar con la presión

¿Has buceado alguna vez en una piscina y te han dolido los oídos? Se debe a la diferencia de presión entre el aire de tus oídos y el agua. La mayoría de los mamíferos marinos no tienen los oídos llenos de aire. Los llenan con un líquido sanguinolento antes de sumergirse, para sacar todo el aire fuera.

Reserva de oxígeno

La sangre de los mamíferos marinos puede almacenar mucho más oxígeno que la nuestra. Sus glóbulos rojos son mejores transportando el oxígeno, pero además tienen más que nosotros. Pueden utilizar dichas reservas de oxígeno para que su cuerpo siga funcionando bajo el agua mientras no respiran.

En el fondo del mar, el agua está muy fría. Los mamíferos marinos como la foca de Weddell cuentan con una capa de grasa que les ayuda a mantenerse calientes.

Aguantar la respiración

Parece que lo normal es coger aire antes de sumergirse, pero los mamíferos marinos suelen hacer justo lo contrario. Vacían los pulmones antes de bucear para evitar que estos se aplasten a causa de la presión.

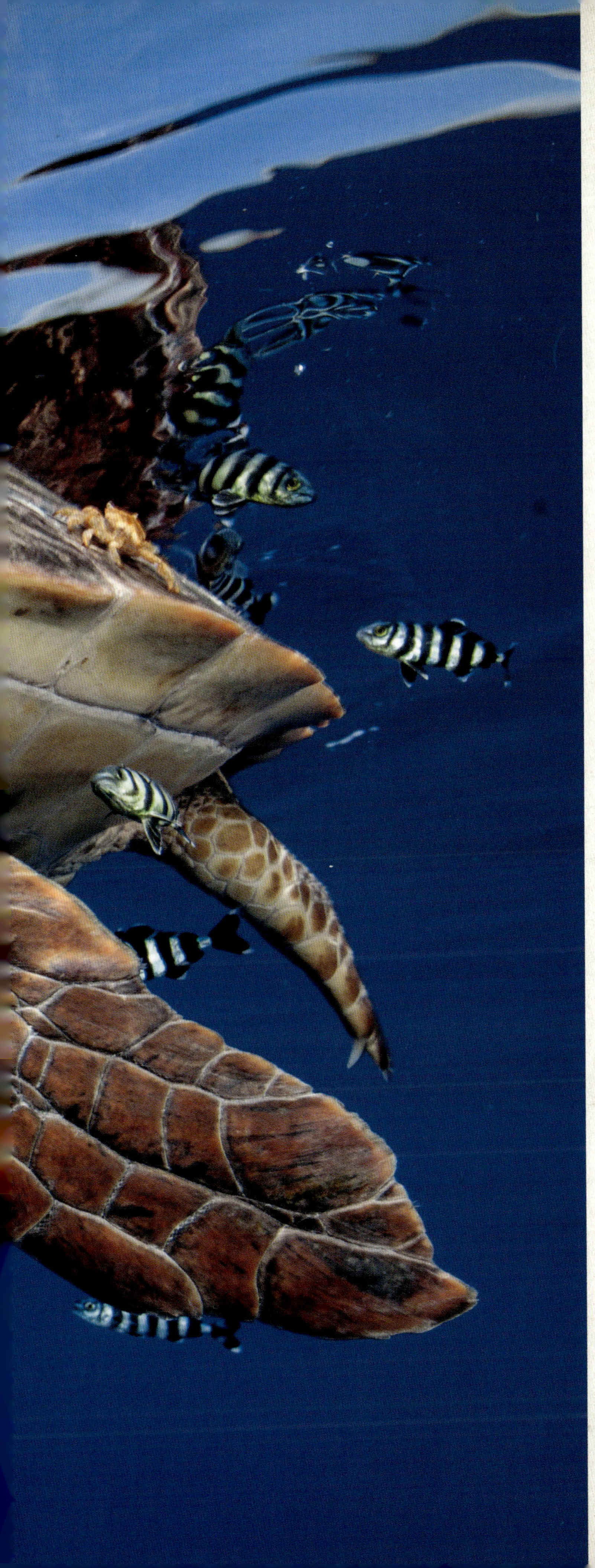

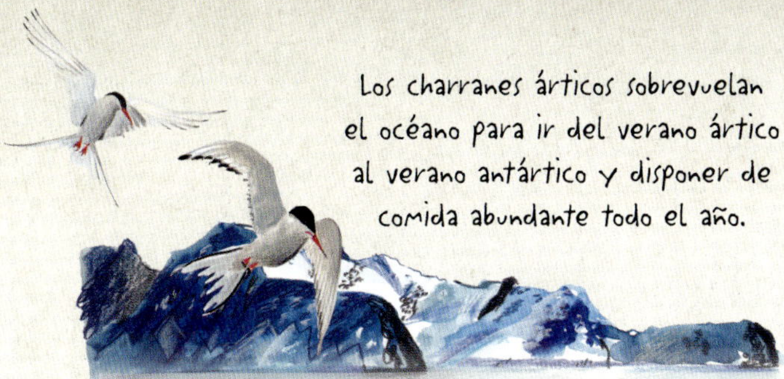

VIAJES ASOMBROSOS

Los increíbles viajes que hacen algunos
animales marinos eclipsan los realizados
por los terrestres. En tierra firme, la migración
más larga es la del reno, que recorre 1200 km
para ir desde el lugar donde pasa el verano
hasta el lugar donde pasa el invierno. Pero los
animales oceánicos, como la tortuga boba,
la ballena gris y el charrán ártico, realizan
desplazamientos 10 veces más largos.

Yoshi

Viaje realizado por una
tortuga boba llamada Yoshi

Las tortugas marinas llevan a cabo grandes desplazamientos
entre la zona de nidificación y la zona de alimentación.
Tras ser liberada por un acuario de Sudáfrica, una tortuga
boba llamada Yoshi recorrió 40 000 km en 1003 días.

El charrán ártico, como siempre sigue el sol estival, disfruta de más horas de luz diurna que cualquier otro animal salvaje de la Tierra.

VIAJEROS INTRÉPIDOS

El charrán ártico es el animal que hace la migración más larga de la Tierra. Todos los años, recorre unos 36 000 km desde el Ártico hasta el Antártico, y luego esa misma distancia de vuelta. Casi como dar la vuelta al mundo dos veces.

Volar para sobrevivir

El charrán ártico lleva a cabo su colosal viaje en busca de comida. Cuando la oscuridad y el frío se adueñan del Ártico en invierno, la comida empieza a escasear. Colonias enteras de charranes levantan el vuelo y viajan hacia el sur, en busca del verano antártico.

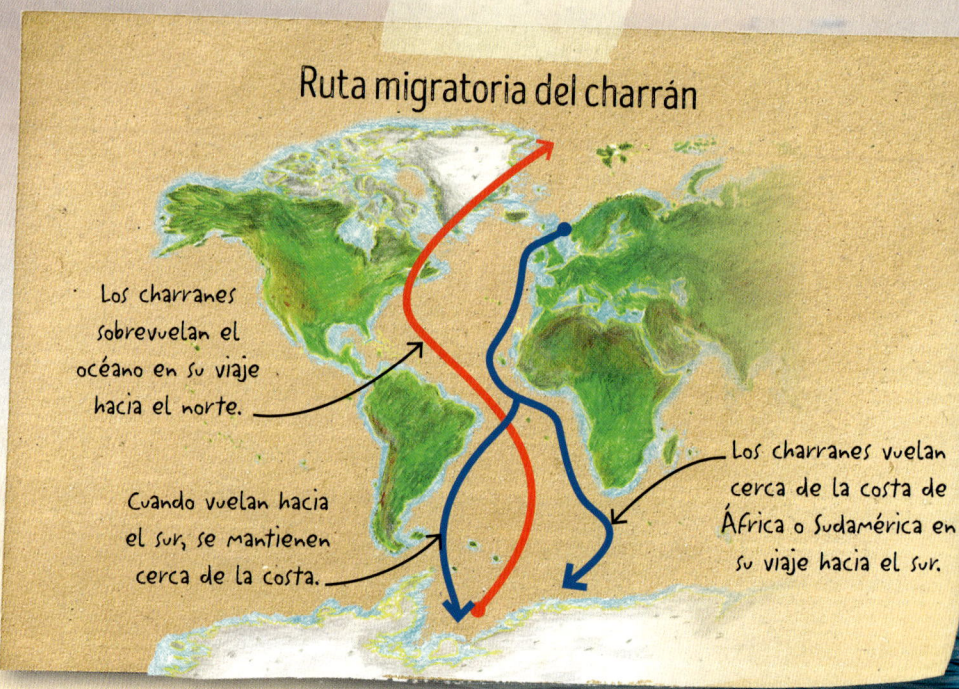

Ruta migratoria del charrán

Los charranes sobrevuelan el océano en su viaje hacia el norte.

Cuando vuelan hacia el sur, se mantienen cerca de la costa.

Los charranes vuelan cerca de la costa de África o Sudamérica en su viaje hacia el sur.

Viaje humano

En 2010, un americano llamado Reid Stowe completó el viaje por mar más largo hecho por un humano, que duró 1152 días. Durante la travesía, sobrevivió a base de fruta desecada, frutos secos y brotes.

Ballena gris

Muchas especies de ballena recorren océanos enteros todos los años en busca de comida y de un lugar seguro para criar a sus vástagos. Pero ninguna recorre más kilómetros que la ballena gris, que todos los años realiza un viaje de ida y vuelta de 16 000 km.

Mientras migran, las ballenas grises tienen que navegar entre barcos, orcas hambrientas y equipos de pesca peligrosos.

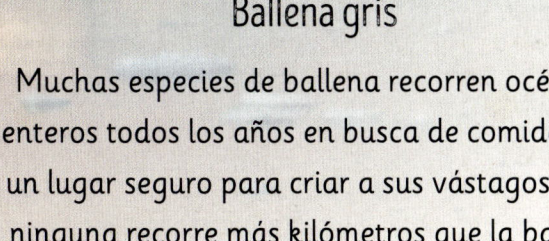

Ruta migratoria de la ballena gris

Zona de alimentación estival

La ruta migratoria de la ballena gris sigue la costa de Norteamérica.

Zona de apareamiento y alumbramiento invernal

BARCOS HUNDIDOS

Cuando un barco se hunde, sus restos se convierten en el hábitat de muchos animales y plantas. Anémonas, corales y algas se pegan a su superficie, donde se convierten en alimento o refugio de una gran variedad de especies. Se estima que en los océanos hay unos tres millones de embarcaciones naufragadas, pero se han explorado menos del uno por ciento.

El *Whydah Gally*, hallado frente a la costa de Massachusetts, Estados Unidos, es el único barco que se ha demostrado que era pirata.

Arrecife artificial

Aunque no todos los barcos que acaban en el lecho marino benefician el ecosistema local, se han empezado a hundir barcos a propósito para crear arrecifes artificiales, espacios nuevos en los que pueden crecer y vivir los peces y otros seres marinos, lo que aumenta la biodiversidad.

FAUNA EN LOS RESTOS

Medusas peine

Un barco hundido es un lugar clave para la vida marina. En su exterior crecen algas y corales, y, en sus grietas y recovecos, crustáceos y peces se ocultan de los depredadores. Un solo navío naufragado puede albergar más de 100 especies distintas.

Medusas comunes

Erizos de mar

Estrellas de mar

Rusticles en el *Titanic*

Los carámbanos anaranjados que cubren los restos del *Titanic* parecen corales o esponjas, pero son rusticles, unas formaciones metálicas que aparecen cuando algunos microbios se alimentan de hierro en los barcos hundidos.

Los rusticles están huecos y son muy delicados. Se rompen al menor contacto.

Foca gris

Langosta

Zona de luz solar
Zona crepuscular
Zona de medianoche
Zona abisal
Zona hadal

El ser humano ha visitado todas las zonas del océano.

EXPLORACIÓN OCEÁNICA

Durante miles de años, el deseo insaciable de la humanidad por los descubrimientos y la aventura nos ha llevado a explorar los océanos. Empezamos nadando en aguas poco profundas, luego surcamos los mares. Hoy enviamos robots a las profundidades del océano y monitoreamos océanos enteros desde el espacio.

Las cámaras submarinas han permitido a científicos y amantes del océano observar el mundo submarino como nunca lo habían hecho antes.

VIAJE AL OCÉANO

Llevamos miles de años explorando los océanos. Al principio, arriesgamos la vida navegando en pequeños barcos y explorando las profundidades con equipos de buceo experimentales. Poco a poco la tecnología de la exploración ha ido avanzando y hemos descubierto mucho más. ¡Pero más del 80 por ciento del océano todavía no ha sido explorado ni cartografiado!

En 1519 Fernando de Magallanes, un explorador portugués, zarpó desde España con la intención de ser el primero en circunnavegar la Tierra. Murió en el intento, pero parte de la expedición lo logró.

1-1600 d. C.

Al ser capaz de desplazarse por los mares, el ser humano pudo visitar lugares en los que nunca había estado o que ni siquiera sabía que existían. El hombre inventó el primer sumergible (embarcación submarina), conocido como campana de buceo.

5000 -1 a. C.

Los primeros registros sobre exploración oceánica datan del 5000 a. C. cuando los fenicios construyeron barcos para explorar el océano. Desde entonces, muchas civilizaciones han encontrado la forma de surcar los océanos y cartografiar sus viajes.

1601-1800

La invención de la escafandra y del primer submarino mejoró mucho nuestra capacidad para explorar el océano. Los primeros trajes de buceo eran muy pesados y peligrosos.

Primer traje de buceo

Nave egipcia

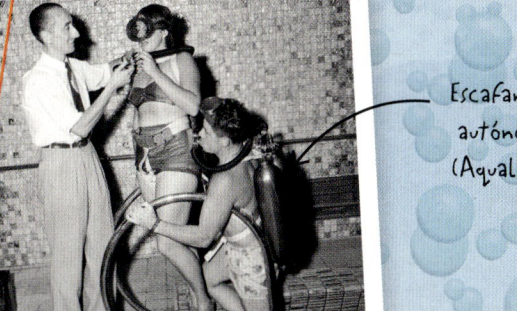

Escafandra
autónoma
(Aqualung)

1971-presente

El desarrollo de la tecnología ha llevado a numerosos descubrimientos, como el de las fuentes hidrotermales, los restos del *Titanic* y el impacto que el cambio climático está teniendo en nuestros océanos.

Buzo
explorando
un barco
naufragado

1901-1950

Los científicos empezaron a usar sumergibles para cartografiar y explorar el fondo del mar. Jacques Cousteau inventó la escafandra autónoma (Aqualung) para respirar bajo el agua. Con este aparato exploró y grabó las maravillas del océano, y las compartió con el mundo entero.

El *Trieste*,
nave de
investigación
submarina
de 1957

1951-1970

Jacques Piccard y Don Walsh fueron los primeros seres humanos en llegar en un sumergible al punto más profundo del océano, el abismo Challenger. Sylvia Earle lideró el primer equipo formado solo por mujeres submarinistas del *Tektite II*, un laboratorio submarino en el Caribe.

1801-1900

Se realizaron muchas expediciones oceánicas, entre ellas la dirigida por Charles Darwin para desarrollar la teoría de la evolución. Entre los numerosos descubrimientos de este periodo está el de que había vida en las profundidades.

Escafandra
antigua

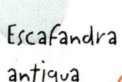

fosa
de las
Marianas

FOSA DE LAS MARIANAS

En las profundidades del Pacífico hay una gran fisura en la corteza terrestre llamada fosa de las Marianas. Mide unos 2550 km de largo, unas 5 veces el Gran Cañón. Su punto más profundo, el abismo Challenger, está 10 935 m por debajo de la superficie, a más profundidad de lo que mide de alto el Everest. En ella viven muchas criaturas curiosas, como el pulpo pelágico.

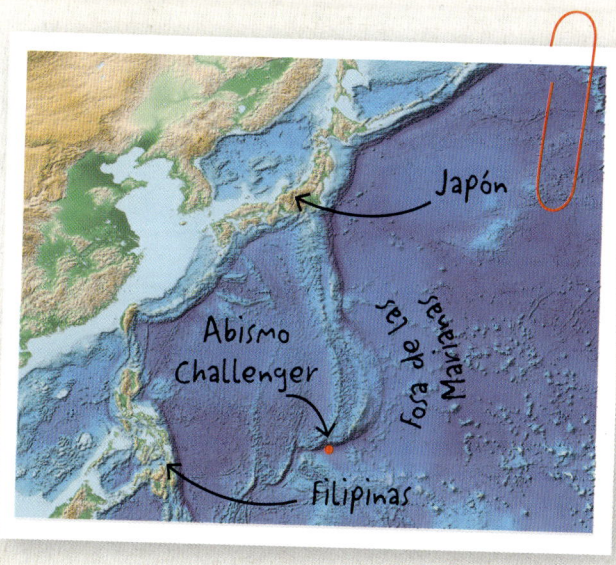

Japón

Abismo Challenger

Fosa de las Marianas

Filipinas

La fosa de las Marianas se encuentra al este de las Filipinas.

Altitud de crucero de un avión: 10500 m

EN LAS PROFUNDIDADES

El punto más alto de la Tierra es el monte Everest. Cientos de personas escalan hasta su cima todos los años. Pero son muy pocos los que han descendido hasta el punto más profundo de la Tierra: el abismo Challenger, en la fosa de las Marianas. A esa profundidad, la presión del agua es más de 1000 veces mayor que la de la superficie, lo que hace que el viaje sea más complicado y peligroso.

La vida en la fosa

Pese a la presión extrema, la total oscuridad y las temperaturas gélidas de las partes más profundas de la fosa de las Marianas, algunas formas de vida consiguen sobrevivir en ella. Los científicos han encontrado allí una gran variedad de organismos, como crustáceos, pepinos de mar, pulpos y peces.

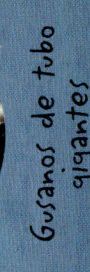

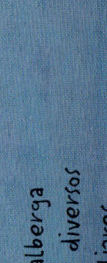

Gusanos de tubo gigantes

Pez linterna

La fosa alberga organismos diversos y peculiares.

Anfípodos de las profundidades

Profundidad habitual a la que se sumerge el cachalote: 1000 m

Altura del monte Everest: 8849 m

Aceptar el desafío

En 2012, el *Deepsea Challenger* se convirtió en la segunda misión tripulada que llegó al abismo *Challenger*. Desde entonces se han llevado a cabo más viajes, la mayoría con un sumergible llamado *Limiting Factor*.

Deepsea Challenger

Abismo *Challenger*

Profundidad de la fosa de las Marianas: 10935 m

Pez caracol de las Marianas

En 2014 se halló el pez caracol de las Marianas a 8370 m de profundidad, lo que lo convierte en el pez que vive a mayor profundidad.

Viaje a las profundidades

En 1960, el oceanógrafo suizo Jacques Piccard y el teniente de la Marina de los Estados Unidos Don Walsh fueron los primeros humanos en alcanzar el abismo *Challenger*. Tardaron 5 h a bordo del sumergible *Trieste*. Encontraron indicios de vida, pero estaba demasiado oscuro para poder hacer fotografías.

Altura del Burj Khalifa, el edificio más alto del mundo: 828 m

155

VOLCANES MARINOS

La mayoría de los volcanes del planeta no están en tierra, sino en el mar. El magma (roca fundida) a veces va a parar al agua y al enfriarse se solidifica en forma de roca en el lecho marino. De vez en cuando erupciona con una explosión de magma, lo que crea hábitats submarinos únicos que atraen a criaturas marinas.

Formación de un volcán

Lecho marino

La corteza terrestre se separa y abre un orificio.

Corteza

Magma

El magma sale por un orificio de la corteza de la Tierra y va a parar al agua. Al enfriarse, se solidifica en forma de roca y se acumula en el lecho marino, formando un volcán.

AGUA HIRVIENTE

Las fuentes hidrotermales, unas torres oscuras, calientes y tóxicas, son otro punto caliente del océano. Cuando se descubrieron en 1977, los científicos vieron que constituían un hábitat rebosante de vida.

¿Qué es una fuente hidrotermal?

A veces el agua de mar penetra en la corteza de la Tierra y sale hirviendo y cargada de minerales. Cuando sale, los minerales se solidifican y forman torres llamadas chimeneas hidrotermales.

6. Cuando el agua caliente entra en contacto con el agua fría del mar, los minerales que contiene se enfrían y se solidifican, creando las torres que llamamos fuentes hidrotermales.

Chimenea hidrotermal

5. La presión aumenta, haciendo subir el agua caliente por la chimenea.

2. El agua fría del mar penetra en las grietas y viaja por el subsuelo.

4. Las reacciones químicas del subsuelo liberan minerales en el agua.

1. Al separarse las placas tectónicas de la Tierra (trozos de corteza), se abren grietas en la corteza.

3. El magma calienta el agua a una temperatura extremadamente elevada.

Magma

La vida a su alrededor

Las fuentes hidrotermales albergan una increíble variedad de organismos únicos, desde gusanos que miden 3 m de largo hasta el caracol de patas escamosas, el único animal de la Tierra que tiene metal en la armadura.

Una especie de pelos llamados sedas cubren el cuerpo del cangrejo yeti. Las sedas albergan bacterias que eliminan los minerales tóxicos del agua de mar a su alrededor.

En vez de comer, el gusano de tubo gigante obtiene la energía para sobrevivir de unas bacterias que tiene en su intestino. A cambio de ello, las bacterias disponen de un lugar agradable para vivir.

El caparazón y las escamas del caracol de patas escamosas están reforzados con sulfuros de hierro. Obtiene dichas sustancias del agua rica en minerales.

Zona de luz solar

TROMBAS MARINAS

A veces se forman columnas de viento, o trombas marinas, sobre el océano, que se extienden desde el cielo hasta la superficie del agua y parecen minitornados. Estos fenómenos son más pequeños y débiles que los verdaderos tornados, y menos peligrosos, pero pueden volcar barcas y dañar barcos.

El aire inestable y los fuertes vientos que se producen durante las tormentas pueden crear las condiciones necesarias para que se forme una tromba marina.

¿QUÉ ES UNA TROMBA MARINA?

Una tromba marina es una columna arremolinada de aire y vapor de agua que se extiende desde el cielo hasta el mar. La columna embudo suele durar unos 5 minutos. Sus vientos pueden superar los 100 km/h.

Aire frío

Las trombas no tornádicas se forman cuando vientos que soplan en distintas direcciones chocan sobre el agua.

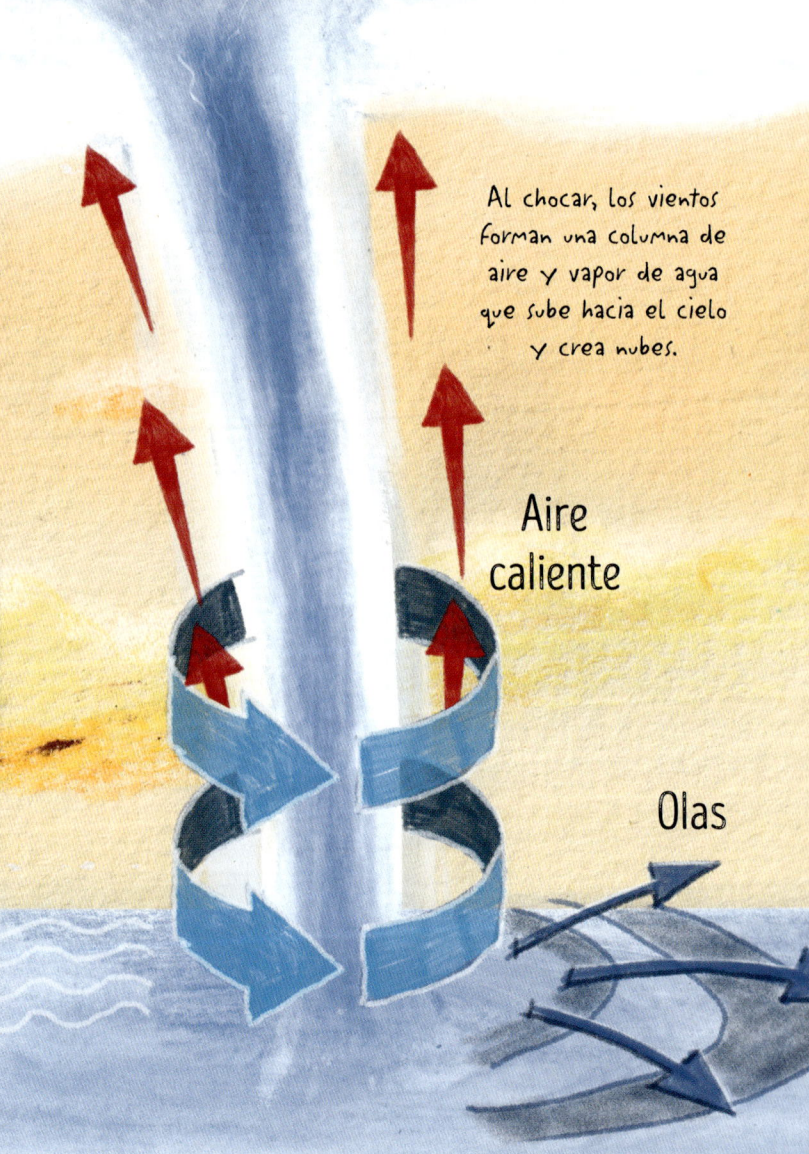

Al chocar, los vientos forman una columna de aire y vapor de agua que sube hacia el cielo y crea nubes.

Aire caliente

Olas

Tipos de trombas marinas

Hay dos tipos de trombas marinas. Las no tornádicas se forman durante las tormentas suaves. Se originan en la superficie del agua y ascienden hacia el cielo. Las trombas tornádicas se forman durante las tormentas severas con truenos. Se originan en las nubes y descienden hacia el agua.

Los huracanes se caracterizan por vientos de más de 120 km/h. De media miden unos 480 km de ancho, pero pueden extenderse más del triple.

Clima agreste

Las trombas marinas no son el único fenómeno meteorológico que hay que vigilar en el mar. Los huracanes son los más peligrosos y se llaman de distintas formas dependiendo de dónde se forman: ciclones cuando están sobre el océano Pacífico e Índico y tifones cuando están sobre el noroeste del Pacífico.

Los fuertes vientos huracanados pueden desencadenar inundaciones muy peligrosas o lluvias torrenciales capaces de devastar las zonas costeras.

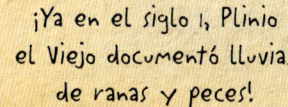

¡Ya en el siglo I, Plinio el Viejo documentó lluvias de ranas y peces!

Lluvia de animales

Aunque es algo poco frecuente, se ha dado el caso de que algún animal ha quedado atrapado en el vórtice vertical de la tromba marina y luego vuelve a caer al suelo. De hecho, algunas ranas y peces han alcanzado la nube de la tromba.

El embudo arremolinado de una tromba tornádica se origina en la base de las nubes y desciende hacia la superficie del agua.

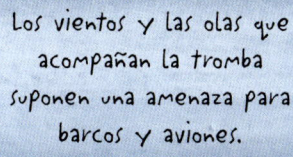

Los vientos y las olas que acompañan la tromba suponen una amenaza para barcos y aviones.

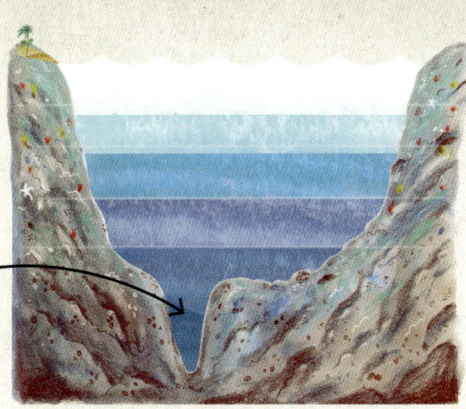

Están en las profundidades del océano.

LAGOS SUBMARINOS

Aunque parezca extraño, en el océano hay lagos. Pero dichos lagos, llamados lagos de salmuera, son muy diferentes de los que hay en tierra. Su salinidad es 10 veces mayor que la del océano circundante. Son tan salados que entrar en uno supone una muerte segura para la mayoría de los organismos marinos. Los más pequeños miden como un charco, pero los más grandes cubren una superficie como la de Disney World en Estados Unidos.

Estos lagos se encuentran en el fondo del mar y bajo el hielo de los mares polares. Solo pueden explorarse con sumergibles.

VIVIR EN SALMUERA

Los lagos de salmuera son tan tóxicos que solo unos pocos microbios han logrado sobrevivir en ellos. Pero en sus orillas se desarrollan ecosistemas únicos llenos de vida, con peces bruja, gusanos de tubo, mejillones y cangrejos.

Los animales que mueren en estos lagos se conservan en salmuera durante años sin descomponerse debido a la ausencia de oxígeno.

Condiciones duras

Los lagos de salmuera no solo son peligrosos por su salinidad, sino que contienen altas concentraciones de sustancias químicas tóxicas, como el ácido sulfhídrico, y casi no hay oxígeno. Si un pez cae en ellos por accidente no suele sobrevivir.

Los gusanos de tubo hallados en las orillas de estos lagos no tienen boca, ni intestinos, ni ano. Obtienen la energía de unas bacterias que viven en su cuerpo y transforman las sustancias químicas del agua de mar en alimento.

Pez bruja

Cómo se forman estos lagos

Agua de mar

El agua salada desciende

Lecho marino

La sal se acumula

Cuando las acumulaciones de sal del lecho marino entran en contacto con el agua de mar, parte de la sal se disuelve, haciendo que el agua sea mucho más salada. Esta agua excepcionalmente salada se llama salmuera. Pesa más que el agua de mar, así que se posa en el lecho y forma charcos, piscinas y lagos.

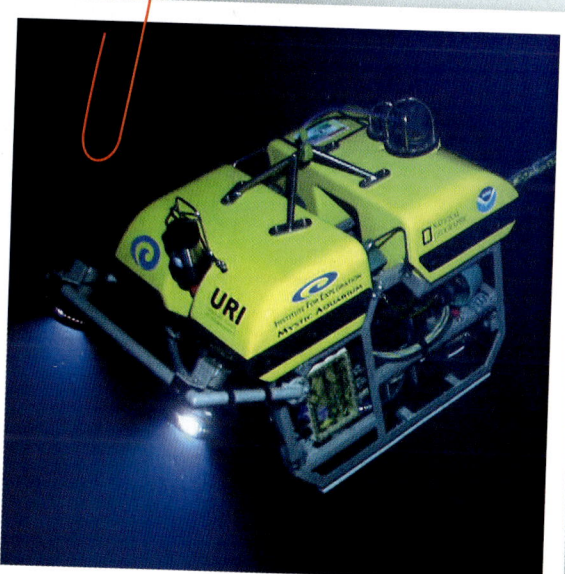

Para explorar los alrededores de estos lagos, los científicos usan sumergibles como el *Little Hercules*. Pueden hacer vídeos de lo que encuentran.

Su exploración

Los científicos solo han descubierto unas docenas de lagos de salmuera en la Tierra, todos ellos en tres masas de agua: el golfo de México, el mar Mediterráneo y el mar Rojo. Son muy pocos los que los han visto en persona.

Cangrejo

Mejillones

GLOSARIO

adaptación

Forma en que un animal o planta se aclimata a su hábitat.

aerodinámico

Diseñado para moverse rápido o fácilmente por el agua o el aire.

ancestro

Animal o planta con la que un animal o planta está emparentado.

arpón

Arma punzante en forma de lanza que se sujeta a una cuerda larga y se lanza o dispara para cazar.

barbas

Órganos sensoriales de un pez cerca de las fosas nasales o la boca.

bioluminiscencia

Reacción química en la que un animal produce luz.

clonar

Crear una copia exacta de un ser vivo o célula.

colonia

Grupo de animales, todos de la misma especie, que viven juntos.

corriente

Movimiento del agua del océano.

crustáceo

Tipo de invertebrado con patas articuladas, antenas y a menudo una carcasa dura o exoesqueleto.

cultivo

Grupo de plantas que se cultivan como alimento.

datación por carbono

Método para determinar la edad de un objeto natural antiguo, como las plantas y los animales, mediante sustancias químicas radioactivas que se encuentran en dicho objeto.

depredador

Animal que caza otros animales vivos para alimentarse.

ecolocalización

Sistema usado por algunos animales para localizar la comida y orientarse, que consiste en emitir sonidos que rebotan en un objeto y en medir lo que tarda el eco en devolverlos.

ecosistema

Conjunto de seres vivos y su entorno, incluido el suelo, el agua o el aire que los rodea.

efecto Coriolis

Formá en que la rotación de la Tierra influye en la dirección del viento y las corrientes oceánicas.

especie

Grupo de animales o plantas con características comunes.

evolución

Proceso por el que una especie va cambiando poco a poco a lo largo de muchos años.

exoesqueleto

Carcasa dura externa de animales como los artrópodos, que no disponen de esqueleto interno.

fertilización

Proceso por el que las células de un macho y una hembra se unen para crear un descendiente, como el polen masculino de la planta y el óvulo femenino de una planta que se unen para crear una semilla.

fósil

Restos de plantas o animales, como los dinosaurios, que murieron hace mucho tiempo y se han conservado en la Tierra durante un largo periodo.

fotosíntesis

Proceso en el que las plantas usan la energía del sol para fabricar su alimento.

gen

Partes del ADN que llevan las instrucciones para las distintas células de un ser vivo.

generador

Máquina que transforma un tipo de energía en otra.

geométrico

Hecho a partir de figuras simples, como líneas, círculos o cuadrados.

hidratado

Que ha absorbido o bebido suficiente agua como para estar sano.

interespecies

Que se da entre dos especies distintas.

invertebrado

Animal sin columna vertebral, como un insecto, un crustáceo o un gusano.

larva

Cría de determinados tipos de animales. Pueden tener un aspecto muy distinto de su versión adulta.

magma

Roca caliente semifundida que fluye por debajo de la superficie de la Tierra y erupciona a través de un volcán.

migración

Desplazamiento de animales a grandes distancias, a menudo para alimentarse o reproducirse.

moco

Líquido denso y viscoso producido dentro de determinadas partes del cuerpo.

monte submarino

Montaña situada bajo el agua.

neuston

Organismo que vive sobre o debajo de la superficie del agua.

nutriente

Sustancia que proporciona a un ser vivo la energía o las sustancias químicas que necesita para sobrevivir.

ojo compuesto

Tipo de ojo que se encuentra en insectos y crustáceos. Ofrece un amplio campo de visión y es muy eficaz detectando el movimiento.

órganos sexuales

Parte de un organismo que está implicada en la producción de crías.

parásito

Animal que vive en otro animal y se alimenta de su sangre, perjudicando a su anfitrión en el proceso.

peces de pico

Grupo de peces que tienen un pico largo y puntiagudo. Incluye el pez vela y el pez espada.

placa tectónica

Fragmento gigante de la corteza terrestre que se mueve lentamente.

polinización

Transferencia del polen de una planta a otra para que dichas plantas puedan reproducirse.

polinizador

Animal que ayuda a las plantas a diseminar el polen.

presa

Animal que es cazado por otro animal para alimentarse.

probóscide

Pieza bucal larga en forma de tubo que algunos insectos tienen para sorber líquidos.

receptor

Parte de una célula que recibe y detecta señales químicas, a menudo de otra célula.

renovable

Tipo de energía que puede producirse sin contaminar el aire o el agua, como la energía solar.

reproducirse

Tener crías.

resistencia al agua

Fuerza que ralentiza las cosas que se desplazan por el agua.

rompimiento

Cuando un animal salta fuera del agua y vuelve a caer en ella.

sumergible

Tipo de embarcación que puede operar bajo el agua.

tejido

Material del cuerpo compuesto por células parecidas.

tornasolado

Que presenta muchos colores vivos que cambian con el movimiento.

torpedo

Arma disparada desde un submarino. Tiene forma de cilindro largo, lo que le ayuda a deslizarse fácilmente por el agua.

tóxico

Venenoso.

toxina

Sustancia dañina producida por un ser vivo.

trópicos

Zonas cercanas al ecuador, que suelen ser más cálidas que otras partes de la Tierra.

venenoso

Que contiene una sustancia que puede ser letal si es inyectada por un animal o planta mediante aguijón o colmillo.

vertebrado

Animal con columna vertebral, como un mamífero o un pájaro.

zona intermareal

Zona de la costa que cubre el agua cuando sube la marea y que queda libre de agua cuando baja.

zooplancton

Plancton que está formado por diminutas formas de vida animal básicas, así como por algunas larvas y huevos de animal.

ÍNDICE

AGRADECIMIENTOS

DK agradece a: Laura Gilbert por la revisión, Helen Peters por el índice, Anna Bonnerjea por la asistencia editorial, Rachael Parfitt por el diseño adicional, Dheeraj Arora por el diseño de la cubierta y Pankaj Sharma por la asistencia de diseño.

Los editores agradecen el amable permiso para reproducir sus fotografías a:

(Clave: a: arriba; b: bajo, debajo; c: centro; d: derecha; i: izquierda; s: superior)

1-169 Dreamstime.com: Daboost (fondo). **2-3 Dreamstime.com:** Seadam. **4 Dreamstime.com:** Bluehand (cb). **8 Alamy Stock Photo:** Wend Images (cia). **Science Photo Library:** NOAA (ca). **10-11 Alamy Stock Photo:** Tsado. **12 123RF.com:** picsfive (cda/bi). **Dreamstime.com:** Robyn Mackenzie / Robynmac (sd/cib). **13 123RF.com:** picsfive (cda). **Dreamstime.com:** Robyn Mackenzie / Robynmac (sd). **14-15 Getty Images / iStock:** Anastasiya Fursova. **15 Alamy Stock Photo:** Laszlo Podor (bd). **16 123RF.com:** picsfive (sd). **Dreamstime.com:** Publicimage (cib). **Shutterstock.com:** Alexisaj (cdb). **16-17 Alamy Stock Photo:** agefotostock / J M Barres. **17 Dreamstime.com:** Robyn Mackenzie / Robynmac (si/cinta); Juriah Mosin (si); Wirestock (cd). **18-19 Getty Images / iStock:** E+ / Richinpit. **19 Dreamstime.com:** Epicstock (bd). **20 123RF.com:** picsfive (bd). **Dreamstime.com:** Robyn Mackenzie / Robynmac (cia/cb, cinta). **20-21 Shutterstock.com:** vladimir3d. **21 123RF.com:** picsfive (s). **Dreamstime.com:** Robyn Mackenzie / Robynmac (si/cda, cinta). **22-23 NASA:** imágenes del NASA Earth Observatory de Joshua Stevens y Lauren Dauphin, con datos del Landsat de la U. S. Geological Survey y datos de MODIS de LANCE / EOSDIS Rapid Response. **23 Dreamstime.com:** Olrat (bd). **24 123RF.com:** picsfive (b). **Alamy Stock Photo:** Wend Images (bi). **Dreamstime.com:** Robyn Mackenzie / Robynmac (cib/cinta). The Ocean Cleanup: (cdb). **25 123RF.com:** picsfive (si); willyambradberry (b). **Dreamstime.com:** Robyn Mackenzie / Robynmac (sc/ca). **Shutterstock.com:** Broadbelt (c). **26-27 Science Photo Library:** John Clegg. **27 Dreamstime.com:** PawelGPhoto (bd). **29 Alamy Stock Photo:** Malcolm Park (ecdb); Scenics & Science (cb, cb/diatomeas). **Dreamstime.com:** Puntasit Choksawatdikorn (cdb). **Getty Images:** De Agostini Picture Library (cdb/fitoplancton). **naturepl.com:** Gary Bell / Oceanwide (ecdb/medusa). **Science Photo Library:** NASA (si). **30-31 Dreamstime.com:** Ethan Daniels. **31 Dorling Kindersley:** David Wilson / Freshwater (sd). **32 Alamy Stock Photo:** John Lunt (cib). **Dreamstime.com:** Robyn Mackenzie / Robynmac (ci). **33 123RF.com:** picsfive (cda). **Alamy Stock Photo:** imageBROKER / Gerhard Zwerger-Schoner (cdb); Scubazoo (ca). **34-35 Alamy Stock Photo:** Jeff Rotman. **35 naturepl.com:** Shane Gross (bd). **36 Alamy Stock Photo:** SeaTops (si). **37 Dreamstime.com:** Alle (cib/abeja); Robyn Mackenzie / Robynmac (sc); Shauna286 (si); Andreusk (cs/ci); Natalia Bachkova (cdb). **38-39 BluePlanetArchive.com:** Saul Gonor. **39 Alamy Stock Photo:** Kelvin Aitken / VWPics (bd). **40 123RF.com:** picsfive (cib). **Dreamstime.com:** Robyn Mackenzie / Robynmac (ci). **41 123RF.com:** picsfive (bd). **Alamy Stock Photo:** Sabena Jane Blackbird (cd); Suzanne Long (si). Rachel Austin (c). **Dreamstime.com:** Robyn Mackenzie / Robynmac (cda); Wirestock (bi). **42-43 Alamy Stock Photo:** imageBROKER / J. W. Alker. **43 Shutterstock.com:** frantic00 (bd). **44 123RF.com:** picsfive (b). **Dreamstime.com:** Robyn Mackenzie / Robynmac (cdb/cib); Tamifreed (s). **naturepl.com:** David Fleetham (cdb). **45 123RF.com:** picsfive (cd, cdb). **Alamy Stock Photo:** Reinhard Dirscherl (cia). **46-47 Alamy Stock Photo:** Franco Banfi / Biosphoto. **47 Alamy Stock Photo:** François Gohier / VWPics (bd). **48-49 Dreamstime.com:** Chainarong Phammanee. **49 123RF.com:** picsfive (cda). **Dreamstime.com:** Diverstef (bd); Robyn Mackenzie /

RobynMac (cia/cd). **50-51 Getty Images:** Awashima Marine Park / Staff. **52 123RF.com:** picsfive (ci). **Alamy Stock Photo:** Nature Picture Library (bd). **Dreamstime.com:** Tatiana Belova (ca); Robyn Mackenzie / Robynmac (cib); Vladvitek (bi). **52-53 123RF.com:** picsfive (b). **53 123RF.com:** picsfive (cd). **Alamy Stock Photo:** Flip Nicklin / Minden Pictures (cda); Kelvin Aitken / VWPics (bd). **Dreamstime.com:** Robyn Mackenzie / Robynmac (ca/cdb). **54-55 Getty Images:** Moment / Aleksei Permiakov. **55 Dorling Kindersley:** Linda Pitkin (sd, cda). **56-57 Dorling Kindersley:** Linda Pitkin (cb, c). **56 Science Photo Library:** Walter E. Harvey (bi). **Shutterstock.com:** Mayumi K. Photography (si); Mike Workman (c); phiseksit (cdb). **57 123RF.com:** picsfive (s, b). **Alamy Stock Photo:** Amar e Isabelle Guillen - Guillen Photo LLC (bc); Blue Planet Archive MCH (bd); Fabrice Bettex Photography (bc/Hexabranchus). **Dorling Kindersley:** Linda Pitkin (cb). **Dreamstime.com:** Robyn Mackenzie / Robynmac (cb). **58-59 Alamy Stock Photo:** Terry Moore / Stocktrek Images. **59 Dreamstime.com:** Dirk Jan Mattaar (bd). **60-61 123RF.com:** picsfive (b). **60 Alamy Stock Photo:** Ben Cropp / Auscape (si); Visual&Written SL / Kelvin Aitken (ca). **Dreamstime.com:** Robyn Mackenzie / Robynmac (cib). **Getty Images:** Auscape / Universal Images Group (cdb). **61 123RF.com:** picsfive (cdb). **Alamy Stock Photo:** Nature Picture Library (sd). **Dreamstime.com:** Robyn Mackenzie / Robynmac (c/cdb). **Shutterstock.com:** DiveSpin.Com (cib). **62-63 Alamy Stock Photo:** Brandon Cole Marine Photography. **63 Dreamstime.com:** Seadam (cda). **64 Dreamstime.com:** Cynoclub (cd); Robyn Mackenzie / Robynmac (cda/cinta). **Getty Images:** Salena Alberti / Foap (bi). **Getty Images / iStock:** Placebo365 (c). **65 123RF.com:** picsfive (s). Marlin Harms (cb). **66-67 Alamy Stock Photo:** David Fleetham. **67 Alamy Stock Photo:** WaterFrame_tat (bd). **68 123RF.com:** picsfive (cb). **Dreamstime.com:** Cynoclub (sd). **68-69 naturepl.com:** Nature Production (b). **69 Dreamstime.com:** Feathercollector (si); Robyn Mackenzie / Robynmac (sc). **naturepl.com:** Nature Production (cd). **70-71 Alamy Stock Photo:** Robert Wyatt. **71 Alamy Stock Photo:** WILDLIFE GmbH (cd). **72 123RF.com:** picsfive (sd). **Alamy Stock Photo:** Nature Picture Library / Hanne & Jens Eriksen (si). **Dreamstime.com:** Robyn Mackenzie / Robynmac (sc). **72-73 Dreamstime.com:** Khunaspix. **73 123RF.com:** picsfive (cdb, bi). **Dreamstime.com:** Robyn Mackenzie / Robynmac (cdb/cib); Michael Valos (sd). **74-75 Getty Images:** The Image Bank / Giordano Cipriani. **76 Alamy Stock Photo:** blickwinkel / B. Trapp (ci); Adisha Pramod (bd). **Dreamstime.com:** Robyn Mackenzie / Robynmac (cia). **77 123RF.com:** picsfive (s). **Alamy Stock Photo:** Adrian Hepworth (sd). **78-79 Alamy Stock Photo:** Natural Visions / Heather Angel. **80-81 123RF.com:** picsfive (b). **80 123RF.com:** Micha Klootwijk / michaklootwijk (bd). **Dreamstime.com:** Andreykuzmin (bi). Dave Johnson: (cd). **Science Photo Library:** Dante Fenolio (ci, c). **Shutterstock.com:** mastersky (bc). **81 123RF.com:** picsfive (s). **Alamy Stock Photo:** Blue Planet Archive SKO (ci); David Fleetham (bc). **Dreamstime.com:** Andreykuzmin (bi); Natursports (bd). Dave Johnson: (cd). **Science Photo Library:** Doug Perrine / Nature Picture Library (c). **82-83 Getty Images:** Reinhard Dirscherl / ullstein bild. **83 Alamy Stock Photo:** Helmut Corneli (bd). **84 123RF.com:** picsfive (b). **Alamy Stock Photo:** D. Parer & E. Parer-Cook / Minden Pictures (si). **85 Alamy Stock Photo:** Norbert Wu / Minden Pictures (si). **86-87 Dreamstime.com:** Keolafirsov. **88 123RF.com:** whitcomberd (cib). © Arthur Anker (cb). **Dreamstime.com:** Bluehand (cdb); Hotshotsworldwide (cib/pez loro). **88-89 Dreamstime.com:** Seanothon. **89 Alamy Stock Photo:** Nature Picture Library / Alex Mustard (sd). **Dreamstime.com:** Robyn Mackenzie / Robynmac (sd/cinta); Piboon Srimak (bd). **Science Photo Library:** (cib). **90-91 Alamy Stock Photo:** Bazzano Photography. **91 Dreamstime.com:** Jos © Manuel Anelo González (bd). **92-93 123RF.com:** picsfive (b). **92 Alamy Stock Photo:** FLPA (bc). **Dreamstime.com:** Robyn Mackenzie / Robynmac (cib). **93 Dreamstime.com:** Robyn Mackenzie / Robynmac (ci); Jason Ondreicka (bi). **94-95 Alamy Stock Photo:** Jeff Rotman. **95 Alamy Stock Photo:** Andrey Nekrasov (bd). **96 123RF.com:** picsfive (bd). **Dreamstime.com:** Robyn Mackenzie / Robynmac (cdb). **Shutterstock.com:** Matt9122 (s). **97 123RF.com:** picsfive (b). **Dreamstime.com:** Robyn Mackenzie / Robynmac (cda); Jeff Stamer (si);

Smitty411 (cd). **98-99 Alamy Stock Photo:** Nature Picture Library / Franco Banfi. **99 Getty Images:** Moment / by wildestanimal (bd). **100-101 Alamy Stock Photo:** robertharding / Michael Nolan (s). **100 Alamy Stock Photo:** mauritius images GmbH / Reinhard Dirscherl (bi); **Nature Picture Library /** SCOTLAND: The Big Picture (bd). **Dreamstime.com:** Robyn Mackenzie / Robynmac (cdb/cinta). **101 123RF.com:** picsfive (b). **Dreamstime.com:** Robyn Mackenzie / Robynmac (cib). **102-103 Getty Images / iStock:** RibeirodosSantos. **103 Science Photo Library:** Dante Fenolio (bd). **104 123RF.com:** picsfive (cdb). **Caters News Agency:** Ronald Raasch (ci). **Dreamstime.com:** Robyn Mackenzie / Robynmac (cda). **104-105 123RF.com:** picsfive (b). **Getty Images:** imageBROKER / Andrey Nekrasov. **105 123RF.com:** picsfive (bd). **Alamy Stock Photo:** WaterFrame_fba (si). **BluePlanetArchive. com:** Andy Murch (cdb). **106-107 Getty Images:** Moment / Antonio Busiello. **108 123RF.com:** picsfive (b). **Alamy Stock Photo:** Alf Jacob Nilsen (bd). **Getty Images:** Corbis / Hal Beral (cda). **Getty Images / iStock:** The Image Bank / Oxford Scientific (bc). **108-109 Dreamstime.com:** Seadam. **109 123RF.com:** Ten Theeralerttham / rawangtak (cb). **Dreamstime.com:** Sergey Frolov (cd). **Getty Images:** Moment / Cat Gennaro (sd). **110-111 Alamy Stock Photo:** Nature Photographers Ltd / Paul R. Sterry. **111 Alamy Stock Photo:** Nature Picture Library / Solvin Zankl (bd). **112 Dreamstime.com:** Robyn Mackenzie / Robynmac (cia/cdb); Maurizio Milanesio (cdb). **113 Alamy Stock Photo:** David Fleetham (bi); Nature Photographers Ltd / Paul R. Sterry. **114-115 naturepl.com:** Pascal Kobeh. **115 Dreamstime.com:** Robyn Mackenzie / Robynmac (cdb). **Getty Images:** Navith Yasasindhu / EyeEm (bd/ caballito de mar). **116-117 123RF.com:** picsfive (b). **116 Dreamstime.com:** Robyn Mackenzie / Robynmac (cib). **Shutterstock.com:** Mekan Photography (ci). **117 Dreamstime.com:** Robyn Mackenzie / Robynmac (cda); Seadam (si); Nicolas Voisin (cda/tiburón). **118-119 Alamy Stock Photo:** WaterFrame_eda. **119 Alamy Stock Photo:** RGB Ventures / SuperStock / Scubazoo (bd). **120 Alamy Stock Photo:** John Burnham (bi). Dreamstime.com: Robyn Mackenzie / Robynmac (sd). **120-121 Dreamstime.com:** Simone Tognon. **121 123RF.com:** picsfive (cdb). **Alamy Stock Photo:** Pally (si). **Dreamstime.com:** Robyn Mackenzie / Robynmac (si/cinta). **Shutterstock.com:** Beau_G (cib). **122-123 Alamy Stock Photo:** Brook Peterson / Stocktrek Images. **123 Alamy Stock Photo:** Underwater Imaging (bd). **124 123RF.com:** picsfive (cdb). **Dreamstime.com:** Robyn Mackenzie / Robynmac (ci). **124-125 Shutterstock. com:** Matt Tworkowski / Solent News (s). **125 Shutterstock.com:** Travis Potter (sd). **126-127 Alamy Stock Photo:** Nature Picture Library / Tony Wu. **127 naturepl.com:** Tony Wu (bd). **128-129 Dreamstime.com:** Seadam (s). **Getty Images / iStock:** Magnus Larsson (b). **129 123RF.com:** picsfive (ca/bi). **Alamy Stock Photo:** Images&Stories (si). **Dreamstime.com:** Robyn Mackenzie / Robynmac (ca/si). **Getty Images / iStock:** Magnus Larsson (cd). **130 Alamy Stock Photo:** Natural Visions / Heather Angel (s); Nature Picture Library / David Shale (ci). **Shutterstock.com:** Takokat (bd). **131 Alamy Stock Photo:** Norbert Wu / Minden Pictures (si/bd). **Dreamstime.com:** Feathercollector (bi). **132 123RF.com:** picsfive (bi). **Dreamstime.com:** Robyn Mackenzie / Robynmac (cib). **133 123RF.com:** picsfive (s). **Alamy Stock Photo:** Andreas Altenburger (bd). **Dreamstime.com:** Robyn Mackenzie / Robynmac (si). **134-135 123RF.com:** picsfive (b). **134 Alamy Stock Photo:** Bluegreen Pictures / David Shale (c). **Dreamstime.com:** Robyn Mackenzie / Robynmac (cib). **135 123RF.com:** picsfive (sd). **Alamy Stock Photo:** Bluegreen Pictures / David Shale (ci). **Dreamstime.com:** Robyn Mackenzie / Robynmac (sd/cinta). **136-137 Getty Images:** The Image Bank Unreleased / Timothy Allen. **137 Dreamstime.com:** Serg269 (bd). **138 123RF.com:** picsfive (b). **Dreamstime.com:** Izanbar (si); Robyn Mackenzie / Robynmac (ci/bd). **139 123RF.com:** picsfive (bi). **Alamy Stock Photo:** NSF Photo (cd). **Dreamstime.com:** Robyn Mackenzie / Robynmac (si/cib). **naturepl.com:** Doc White (si). **140-141 naturepl.com:** Jordi Chias. **142 123RF.com:** picsfive (bd). **Dreamstime.com:** Robyn Mackenzie / Robynmac (cdb). **Shutterstock.com:** Niklas Storm (bi). **142-143 Dreamstime.com:** Steve Estvanik; Jandirkhansen (b). **Shutterstock.com:** Stephan Morris (s). **143 123RF.com:** picsfive (cdb). **Alamy Stock Photo:** REUTERS / Shannon Stapleton (ca). **Dreamstime.com:** Robyn Mackenzie / Robynmac (cda). **144-145 Alamy Stock Photo:** Miguel Angelo Silva. **145 SuperStock:** Richard T. Nowitz / age fotostock (bd). **146 Dreamstime.com:** Robyn Mackenzie / Robynmac (sc). **Getty Images:** Moment / Little Dinosaur (s). **146-147 Dreamstime.com:** Seadam. **147 Getty Images:** Corbis Documentary / Krista Few (ca). **Science Photo Library:** NOAA (sd). **148-149 Science Photo Library:** Douglas Faulkner.

149 Getty Images: Moment / Humberto Ramirez (bd). **150 Alamy Stock Photo:** Chonicle (bd); © Fine Art Images / Heritage Images (cda). **Dreamstime. com:** Robyn Mackenzie / Robynmac (cib/cdb). **Getty Images:** Universal Images Group / Universal History Archive (bi). **151 Alamy Stock Photo:** PA Images (cdb); Bratislav Stefanovic (bi). **Dreamstime.com:** Robyn Mackenzie / Robynmac (cd). **Getty Images:** Bettmann (si). **Shutterstock.com:** phmarcosborsatto (cda). **152-153 BluePlanetArchive.com:** David Wrobel. **153 Science Photo Library:** NOAA (bd). **154 Alamy Stock Photo:** Science History Images / Photo Researchers (sd). **Dreamstime.com:** Lars Christensen / C-foto (si). **naturepl.com:** David Shale (cd). **Science Photo Library:** Dante Fenolio (cd). **155 123RF.com:** picsfive (si/c). **Dreamstime.com:** Pawel Wierzchowski (ci/ca). **Shutterstock.com:** Jacques Dayan (sc/cda). **156-157 Getty Images:** Dana Stephenson / Stringer. **157 123RF.com:** picsfive (bd). **Dreamstime.com:** Robyn Mackenzie / Robynmac (cdb). **158-159 Alamy Stock Photo:** Science History Images / Photo Researchers. **159 123RF.com:** picsfive (sd). **Alamy Stock Photo:** Adisha Pramod (sd/cdab); Science History Images / Photo Researchers (cia). **naturepl.com:** David Shale (cd). **160-161 Getty Images / iStock:** E+ / koto_feja. **161 Alamy Stock Photo:** Jeffrey Isaac Greenberg 5+ (bd). **162 Dreamstime.com:** Robyn Mackenzie / Robynmac (cib). **163 123RF.com:** picsfive (sd). **Dreamstime.com:** Elen33 (si); Robyn Mackenzie / Robynmac (c); Dwight Smith (ca). **Shutterstock.com:** Minerva Studio (bd). **164-165 Ocean Exploration Trust. 165 NOAA** (bd). **166-167 Ocean Exploration Trust. 166 Ocean Exploration Trust:** (cda). **Science Photo Library:** Expedition To The Deep Slope 2007, NOAA-OE (cdb). **167 123RF.com:** picsfive (s). **Alamy Stock Photo:** Science History Images (cb)

Imágenes de la cubierta: Cubierta frontal: **123RF.com:** epicstockmedia esd, Pavlo Vakhushev / vapi cdb; **Alamy Stock Photo:** Franco Banfi / Biosphoto ci, BlueOrangeStudio bd, WaterFrame_tfr bi; **Dreamstime.com:** Donyanedomam sc, Idreamphotos sd, Waraporn Meengoen t, Silvae1 bc, Fenkie Sumolang / Fenkieandreas cb/ (serpiente); **Getty Images:** Dmitry Miroshnikov cia; **Getty Images / iStock:** kwasny221 esi, LordRunar si, Andrew Stowe cd, vlad61 cb, vojce cda; **Shutterstock.com:** ixpert c/ (tierra), OHishiapply, Dmitriy Rybin c; Contracubierta: **123RF.com:** epicstockmedia esi, Pavlo Vakhushev / vapi cib; **Alamy Stock Photo:** Franco Banfi / Biosphoto cd, BlueOrangeStudio bi, WaterFrame_tfr bd; **Dreamstime.com:** Donyanedomam sc, Idreamphotos si, Waraporn Meengoen s, Silvae1 bc, Fenkie Sumolang / Fenkieandreas cb/ (serpiente); **Getty Images:** Dmitry Miroshnikov cda; **Getty Images / iStock:** kwasny221 esd, LordRunar sd, Andrew Stowe ci, vlad61 cb, vojce cia; **Shutterstock.com:** OHishiapply, Dmitriy Rybin c; Lomo; **123RF.com:** epicstockmedia s, Pavlo Vakhushev / vapi cb; **Dreamstime.com:** Donyanedomam ca, Waraporn Meengoen, Neirfy ca/ (delfines); **Getty Images / iStock:** vojce b

Resto de las imágenes © Dorling Kindersley

Sobre la autora

Annie Roth es una escritora y cineasta apasionada por la vida salvaje. Vive en California (Estados Unidos) con su novio y con Mr. Kitty, su gato de tres patas. Le encanta hacer cerámica y escribir sobre los animales y las personas que los estudian. Annie escribe mejor cuando tiene a Mr. Kitty acurrucado en su regazo.

Sobre el ilustrador

A Tim Smart le encanta el mundo natural. Desde que recuerda, dibuja la naturaleza. Creció junto al mar y siempre le han fascinado los misterios del océano. Es profesor de arte en Londres, Reino Unido.

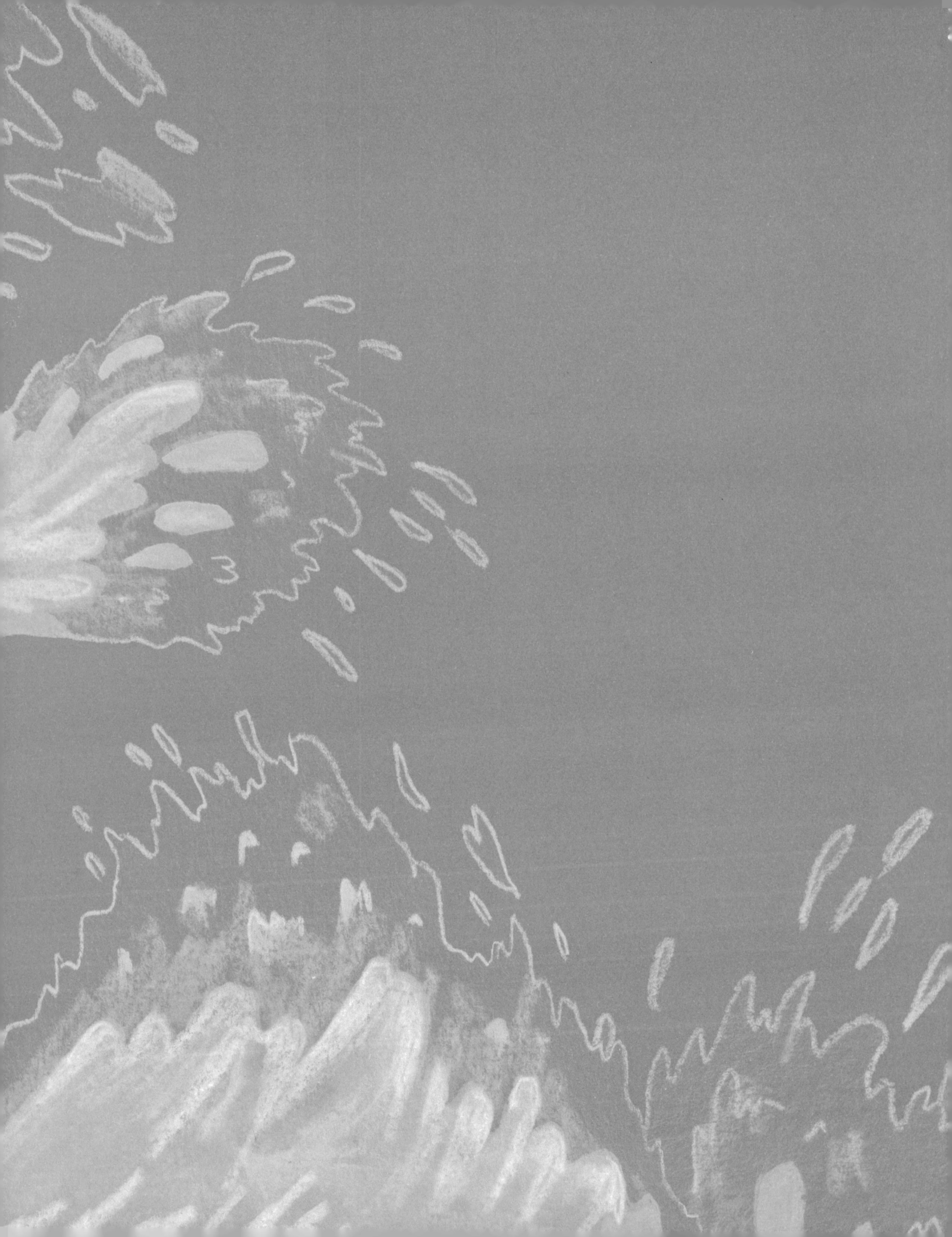